元メガバンク支店長が教える

事業承継と経営者保証の解除

川居宗則
Mumenori Kawai

はじめに

コロナ禍という未曽有の逆風をどうにかしのいだと思われたのも束の間、深刻化する人手不足や原材料費の高騰、急激な円安など、わが国の中小企業をめぐる経済環境は依然として厳しい状況が続いています。

大企業の好調を受けて、一部からは長く続いたデフレ不況から日本経済が脱却しつつあるとの指摘も聞こえてきますが、多くの中小企業ではそれを別世界の出来事のように感じているのではないでしょうか。むしろ、大企業を中心に広がる賃上げの動きが人件費の高騰を招き、そのあおりを受けてますます苦しい状況に追い込まれている中小企業も少なくありません。さらに、決定的な危機として目前に迫っているのが、事業承継の2025年問題と呼ばれる深刻な後継者不足の問題です。

2025年問題とは、いわゆる団塊の世代が2025年に75歳を超えることから、社会保障をはじめとするさまざまな領域で生じると予想されている問題のことです。国民の5人に1人が後期高齢者という〝超高齢化〟社会のなかで、中小企業でも経営者の高齢化がいっそう進みます。ところが、その多くで後継者が決まっていないのです。中小企業庁によると、2025年までに経営者が平均的な引退年齢とされる70歳を超える中小企業はおよそ245万社に達すると見込まれており、その約半数にあたる127万社で後継者が未定とされています。

このまま対策が講じられなければ、それらの大半が廃業に追い込まれるでしょう。その場合、約650万人の雇用が失われ、およそ22兆円ものGDPが消失すると試算されています。そのような事態は、まさに国家的な危機といわざるを得ません。

目前に迫った難局に対処するため、近年、各方面から中小企業の事業承継を支援する動きがあらわれてきました。そのなかでも有力な支援策のひとつが、経営者保証の解除に向けた金融機関の取り組みです。

じつは、経営者が70代を迎えても後継者が決まっていない127万社のうち、およそ2割の中小企業では後継者候補がいます。ところが、事業承継を拒否しているのです。その最も大きな理由が経営者保証です。事業承継を拒んでいる後継者候補のおよそ6割が、経営者保証をその理由として挙げています。

経営者保証とは、中小企業が金融機関から融資を受ける際に経営者個人が行う連帯保証のことをいいます。万が一、会社が倒産して借入金の返済ができなくなってしまったら、会社に代わって経営者個人がその返済義務を負うことになるわけです。場合によっては、億単位の借金を背負い込まなければなりません。そうなると、もはや自己破産の宣告を受けるか、残りの人生を返済地獄のなかで過ごすかの二者択一です。もちろん、家族にも困窮を強いることになるでしょう。それほど大きなリスクを負ってまで事業を継ぐのは割に合わない、と考える後継者候補が半数を超えているということです。

このような状況に対して、まず金融機関と経営者団体が2013年にガイドラインを示し、経営者保証に依存しない融資慣行の確立に向けた流れが生まれました。その後、金融庁も2022年に対策を打ち出して、その動きを加速させようとしています。そうした取り組みが功を奏して、昨今、経営者保証に依存しない新規融資の割合が増えてきました。

しかし、いまだ途上の段階で、現在も中小企業では経営者保証付きの融資が多く残っています。

経営者個人に連帯保証を求めるという従来の融資慣行が根強く続いている背景には、さまざまな要因が考えられますが、そのひとつには周知不足もあるのではないかと思われます。実際、中小企業の経営者のなかには、いまでも経営者保証に同意しなければ融資を受けることができないと誤解している方も少なくありません。また、経営者保証を解除するために必要な要件が整っていないため、自社にはその資格がないと思い込んでいる経営者もいるようです。

しかしながら、金融庁の取り組み以降は要件が緩和されるなど、経営者保証を解除するためのハードルが低くなってきています。さらに、ビジネスモデルや技術力など、各企業がもつ強みを評価することで融資につなげる「事業性評価融資」が新しい融資慣行として広まりつつあります。中小企業にとっては、いっそう有利な状況が形成されてきているのです。

正しい情報を得て、事業に磨きをかけて金融機関との交渉に臨めば、経営者保証に依存しない融資を引き出す可能性が高まってきていると受け止めてよいでしょう。これまで解除のための要件が整っていないと交渉をあきらめていた方も、再びチャレンジしてみてはいかがでしょうか。

本書では、経営者保証がスムーズな事業承継をさまたげている現状について、事例を交えながら紹介しています。また、経営者保証に依存しない新たな融資慣行をめぐる動きを解説しながら、経営者保証を解除するための具体的な方法をまとめました。

さらに、かつてメガバンクの支店長を務めていた経験をもとに、金融機関における融資のしくみや交渉に臨む際のポイントなども紹介しています。中小企業の経営者の方々が、少しでも有利な条件で資金を調達するためのガイドブックとして役立てば幸いです。

装丁　印牧真和
編集協力　榎本充伯

元メガバンク支店長が教える

事業承継と経営者保証の解除

目次

第2章

事業承継が失敗する原因は経営者保証にあり

第3章 社長を救う「経営者保証改革プログラム」

第4章 「事業性評価融資」で経営者保証を解除する

第5章

経営者保証を解除する社長の交渉術

第1章

なぜ、銀行は社長の連帯保証を求めるのか

1 「経営者保証」とは何なのか

経験豊富なベテラン経営者の方々はすでにご存じかと思いますが、そもそも「経営者保証」とはどういうしくみなのでしょうか。まずは、簡単に説明しておきましょう。

中小企業の弱点をカバーするしくみ

中小企業庁によると、経営者保証とは「中小企業が金融機関から融資を受ける際、経営者個人が会社の連帯保証人となること」と簡潔に定義されています。連帯保証人になるということは、融資に対して保証債務を負うことを意味します。したがって、万が一、会社が倒産して融資の返済ができなくなってしまったら、会社に代わって経営者個人が返済を求められることになるのです。

なかには、法人の負債に対して個人が連帯保証人になるということに違和感を覚える方もいるかもしれません。しかし、大企業に比べて信用力が低い中小企業の円滑な資金繰りを実現するうえで、これまで経営者保証は一定の役割を果たしてきました。

たとえば、上場企業なら株式市場を通じて資金を調達することができます。また、株式を公開していない会社でも、誰もが知っているような有名企業であれば、社債を発行することによって広く出資を募ることもできます。大企業には、その高い信用力のおかげでさまざまな資金調達の手段が考えられるのです。

しかしながら、知名度が低く、事業内容もよくわからない中小企業に大切なお金を貸してくれる事業者はまずいないでしょう。大企業とは異なり、中小企業には事実上、金融機関から融資を受ける以外に資金調達の手段がないのです。経営者保証には、そうした中小企業の弱点をカバーするための手段として機能してきたという経緯があります。

信用保証協会を利用するメリット

同じく、中小企業の信用力を補完する存在に「信用保証協会」があります。

信用保証協会は、法律にもとづいて、中小企業の円滑な資金調達を支援するために設立された公的機関です。一定の保証料を支払えば、中小企業が金融機関から受けた融資に対して、信用保証協会が債務を保証することになります。つまり、万が一、倒産して返済ができなくなっても、信用保証協会が返済を肩代わりしてくれるのです。このように、当事者に代わって第三者が保証債務を行うことを「代位弁済」といいます。

ただし、代位弁済によって債務が消滅するわけではありません。信用保証協会を利用する際にも、原則として、中小企業には経営者保証が求められます。したがって、経営者にとっては返済先が金融機関から信用保証協会に替わるだけともいえます。とはいえ、金融機関から信用保証協会へ債務が移る場合には返済期間が長期に設定されるケースも多く、毎年の経営者の負担は軽減されやすいと考えてよいでしょう。

保証と担保は何が違うのか

ちなみに、経営者保証と混同されがちな「担保」についてもふれておきましょう。

いずれも債務の履行をより確実なものにするための手段ではありますが、経営者保証や信用保証協会が行う「保証」と担保は似て非なるものです。

端的にいえば、何らかの事情で返済などの約束が実行されなくなったとき、当事者に代わって約束を実行することが保証です。対して、約束が実行されなかったことによって生じる損失を補塡するものが担保です。視点を変えれば、前者を「人的担保」、後者を「物的担保」と表現することもできます。中小企業が金融機関から融資を受ける際、担保として定期預金や不動産、有価証券などの提供が求められるケースもあります。

とはいえ、現実には、中小企業の多くは経営資源がかぎられており、とくに創業期の資金調達に際して、担保になり得る資産を十分に保有している方は稀ではないでしょうか。仮に資産をもっていたとしても、それを担保として提供する場合、評価額以上の資金を調達することはできません。そうした観点から考えても、経営者保証が中小企業のスムーズな資金調達に役立ってきたという社会的な意義は評価されるべきでしょう。

また、経営者保証によって融資に対する保証債務を負うことは、経営に対する責任感につながります。したがって、経営者に対する一種の規律付けにも寄与してきたといえるのです。経営者保証は、融資が不良債権になって実損が発生するリスクを抱えた金融機関にとって合理的なだけでなく、融資を受ける経営者の方々にとっても、納得性の高い慣行だったといえるのではないでしょうか。

ところが、近年、そうした状況が変わりつつあります。融資に際して、経営者保証を求めない事例が増えているのです。そして、すでに実行されている経営者保証付きの融資についても、条件を見直すことで、経営者保証を解除する動きが見られるようになってきました。流れが変わってきたのは、経営者保証によって個人で負うことになる保証債務が大きいため、経営者が新たな資金調達をためらう要因になることが懸念されるからです。結果として、そのことが中小企業の積極的な事業展開や早期の事業再生に向けた試みをさまたげているという指摘があります。

さらに、深刻なのは経営者保証がスムーズな事業承継をはばむ要因になっているという指摘です。次章であらためて詳しく紹介しますが、実際に経営者保証がネックになって後継者が見つからないというケースもあり、事業の清算やM&Aの成立をさまたげているケースも見られます。

金融庁が本気を出した取り組み

そうした弊害が問題視されるなか、２０１３年暮れ、全国銀行協会と日本商工会議所が「経営者保証に関するガイドライン」を公表しました。また、２０２２年には金融庁が経済産業省や財務省と連携して「経営者保証改革プログラム」を策定しています。

内容については、のちほど詳しく紹介しますが、いずれも従来の経営者保証のあり方に見直しを迫る方向で打ち出されており、とくに後者は３つの省庁が足並みを揃えたことから、その〝本気度〟が注目されました。そうした取り組みが後押しとなって、融資のあり方が変わりつつあるのです。

このような潮流をとらえて必要な条件を整えることができれば、中小企業でも経営者保証をまぬかれる可能性があります。さらに、すでに実行されている融資でも、経営者保証を解除することができるかもしれません。金融機関との関係性や交渉しだいでは、従来のように、経営者が個人で会社の連帯保証人にならなくても、融資を獲得することができるのです。

では、具体的にどのような交渉に臨めばよいのでしょうか。

まずは、金融機関のなかで融資がどのような流れで行われているのか、そのしくみを押さえておきましょう。

2 じつはあまり知られていない融資のしくみ

取引先との価格交渉と同じく、金融機関との融資交渉も一種の戦いです。よく知られる『孫子』の一節に「敵を知り、己を知れば、百戦殆うからず」とあるように、交渉を有利に進めるには、事前に相手の事情や立場をよく見極めておくことが大切です。しかし、金融機関のなかで実際にどのようなプロセスを経て融資が行われているのか、一般的にはあまり知られていないようです。

実際、私はいまメガバンク出身の中小企業診断士として、主に中小企業の経営者や管理職の方々を対象としたセミナーや講演会を行っていますが、そうした会場で出席者の多くが関心を示すのは、金融機関の内情にまつわる話題です。

もっとも、私がいつもお話ししている金融機関の内情というのは、暴露話に類するものではありません。融資に際して、会社のどういう要素が判断材料となっているのか、といった金融機関側の視点や信頼される経営者像に関する私の見解をお伝えする程度です。それでも、そうした話題にふれると、明らかに出席者の反応が異なります。経営者の方々にとって、金融機関は決して疎遠な存在ではないはずですが、意外にも、その実態はあまり知られていないということなのでしょう。とりわけ、融資がどういうしくみで行われているのかということについては、誤解も少なくないようです。

情実融資を期待してはいけない

たとえば、最近はほとんど聞かれなくなりましたが、かつては有力者の口利きによって融資を引き出そうとしたり、銀行の支店長の歓心を買うことで何らかの手心が加わることを期待するような風潮も見られました。

たしかに、90年代前半のバブル期までは、そういったイレギュラーな要素が融資の判断に影響を与えるケースも一部では見られたようです。しかし、現在の金融機関でそうした情実融資が行われることは皆無といってよいでしょう。コンプライアンスに関する意識が社会的に高まるなかで、金融はその取り組みが最も厳格な業種のひとつです。また、あらゆる業務がデジタル化された昨今は融資のシステムが確立しており、そもそも不適切な要素が入り込む余地はありません。たとえ支店長であっても、個人的な意向によって融資に関する判断をねじ曲げることはできないのです。

とはいえ、当然ながら、書類上の数字だけで機械的に融資の可否が決まるわけでもありません。金融機関から不信感をもたれるより、信頼される経営者のほうが何かと有利であることは間違いないでしょう。また、ふだんはまったく金融機関との接点がない経営者に比べて、定期的に面談の機会を設けている経営者のほうが融資を引き出しやすいのは当然です。融資に関する判断に情実が入り込む隙はないものの、日常的なコミュニケーションを心がけて、信頼関係を築いておくことが得策なのです。

そして、いうまでもなく、経営者保証の解除を求めるような交渉の際には、そうした日ごろの関係づくりが前提条件となります。そうした意味でも、融資のプロセスにどういった人々がかかわっているのか、その概略くらいは知っておいて損はないでしょう。

本部の決裁を必要とするケースとは？

そもそも、融資がどういうプロセスを経て行われるのか、ご存じでしょうか。金融機関ごとに多少の違いはありますが、融資が実行されるまでには、基本的に次の４つの段階を経ることになります。

①担当者との面談
②必要書類の提出
③金融機関での審査
④融資の実行

まずは担当者を通じて融資を申し込み、資金の用途などを伝えます。そのうえで貸借対照表や損益計算書など、決算書一式の提出が求められ、それらをもとに金融機関では融資を実行すべきかどうか、さまざまな観点から審査を行います。そうして最終的に案件が決裁されると融資が実行される、という流れになります。このなかで、最も重要なプロセスは③金融機関での審査です。

審査で最も重視されるのは、返済能力と融資効果の2点です。つまり、貸した資金が計画どおりに返ってくるかということと、お金を貸すことによって融資先にどのようなメリットが期待されるのかということです。

金融機関にかぎらず、どのような組織でも行われていることですが、審査にあたっては担当者が稟議書を作成し、複数の役職者がその内容を検討して、決裁者が最終的に承認することによって融資の可否が決まります。ただし、稟議書がたどるルートは案件の内容により、多少、異なります。

一般的には、支店長の決裁で融資が可能なパターンと、審査部や融資部といった本部の決裁が必要なパターンに大別できると考えてよいでしょう。どちらのパターンになるかは、融資額や会社の信用格付などによって決まります。

①支店長が決裁するパターン

この場合、稟議書は担当者から融資課長を経て、副支店長の手元に渡り、決裁者である支店長に届けられることになります。

このパターンに該当するのは、融資額が支店長の決裁権限とされる範囲内におさまっている案件です。ただし、その会社の信用格付がよい場合にかぎられます。

信用格付とは、金融機関が独自に設けている判断基準のことで、融資を行うかどうかを判断する際の目安となります。詳細な財務分析を行ったうえで、その会社の収益力や成長性から返済能力を評価し、とりたてて懸念すべき要素がない会社から順に「正常先」「要注意先」「要管理先」「破綻懸念先」といったランクに振り分けていくのです。当然、その評価方法やランクの区分などは金融機関によって異なりますが、銀行であっても信用金庫であっても、おおむねこういった審査が行われていると考えてよいでしょう。

このパターンでは、本部の決裁が必要なパターンよりも関係する役職者の人数が少ないため、審査に要する時間は比較的、短いほうです。それでも、担当者、融資課長による業界調査や要件チェックだけでたいてい1～2週間程度はかかります。

また、稟議書の内容に不備があったり、記載されていない情報の確認が必要になったりする場合には、稟議書が担当者のもとへ差し戻され、修正のうえで再提出しなければなりません。融資の申し込みから実行されるまで、長ければ2～3か月程度が必要になりますが、その過程のなかで最も時間を要するのが、この審査というプロセスなのです。

②本部が決裁するパターン

支店長に届けられるまでの経路は①と同じですが、支店長の決裁を経ると、稟議書はさらに本部へ回ります。そして、審査部や融資部の担当者が内容を確認し、支店における融資課長に相当する上席調査役の決裁を経て、最終的に審査部長（融資部長）の決裁をあおぐというルートをたどります。想像するだけでも遠い道のりですが、実際には稟議書が本部から支店へ差し戻されるケースもあるため、最終的な決裁を得るまでにはかなりの時間を要します。

慎重な審査を必要とするだけあって、このパターンに該当するのは融資額が支店長の権限を超える案件です。そして、信用格付も低いランクに区分されている場合が多く、さらには担保の評価額が不足していたり、営業戦略的な観点から支店が優遇金利の適用を求めるケースなど、特別な配慮を要する案件が含まれます。もし、融資を申し込んでから長い間、待たされているとすれば、本部での決裁を必要とするパターンに該当したのかもしれません。

以上が審査の典型的なパターンですが、こういった審査のプロセスを一般的に「ライン審査体制」と呼んでいます。特定の役職者が単独で融資の可否を判断するのではなく、必ず複数の役職者で構成される「ライン」で審査を行うという意味です。そのねらいは、当然ながら、立場の異なる役職者が繰り返し稟議書をチェックし、融資の妥当性を判断することにより、倒産による貸し倒れを防ぐことにあります。

多くの金融機関が何よりも警戒するのは、融資先の倒産によって生じる実損です。いわゆる貸し倒れについてはリカバリーが利かない事象です。このことは、融資にまつわる交渉に臨むような場合はもちろん、金融機関との日常的なやりとりに際しても、つねに認識しておきたいところです。なぜなら、いかにしてリスクを抑えるかという発想は、融資の判断にとどまらず、金融機関の基本的な行動原理につながっているからです。

3 保守的な銀行員が多い理由

作家の池井戸潤氏の小説を原作とするドラマ『半沢直樹』が放映されたのは2013年でした。銀行を舞台とする経済ドラマとしては異例の高視聴率だったことから、一種の社会現象となったため、毎週、放映を楽しみにしていた方も少なくなかったと思います。当時、銀行員だった私も見ていました。以来、すっかり池井戸作品のファンになってしまって、同氏の小説はほぼすべて読んでいます。

もっとも、放映が始まった当初は関心がなく、同氏の小説も手に取ったことはありませんでした。毎日、朝から晩まで銀行で働いているのに、何を好んで余暇の娯楽であるはずのテレビや小説のなかまで銀行に浸らなければならないのか、と思っていたからです。おそらく、私と同じように感じていた銀行員は少なくなかったでしょう。精神衛生上、日曜の夜くらいはプロ野球でも見ながら、何も考えずに過ごしたいと思っていたはずです。

ところが、そうも言っていられなくなったのは、どの取引先を訪ねても、必ずお客様から「昨日、見た？」と声をかけられたからです。お客様との貴重な共通の話題を見逃すわけにはいかないと、早速、翌週からドラマを見始めたところ、なぜ初回から見なかったのかと小さな後悔を感じたしだいです。

『半沢直樹』はなぜおもしろいのか

『半沢直樹』は、なぜ多くの視聴者から支持されたのでしょうか。さまざまな魅力を兼ね備えた作品だと思いますが、最も特徴的なのはそのリアリティでしょう。いうまでもなく、登場人物の言動は誇張されており、現実の社会ではあり得ない描写もあります。私は32年間、銀行に勤務していましたが、銀行員が土下座している場面など、見たことがありませんでした。もちろん、私自身もそのような経験は一度もありません。

とはいえ、すべてを荒唐無稽なフィクションと片付けることもできないのは、金融機関の本質的な部分がしっかりととらえられていたからでしょう。そのひとつは、銀行という組織がもっている競争社会としての側面です。

『半沢直樹』と同じメガバンクを例にとれば、毎年、数百人という単位で入行する同期組のなかで、支店長になれるのはせいぜい1割程度です。さらに、そこから役員に昇格できるのは、ほんのひと握りの方にかぎられます。途中で退職してしまう方も少なくないため、あくまで私の感覚的なイメージでしかありませんが、定年を迎えるまで銀行で勤め上げるのは、同期組の半数ほどではないでしょうか。

金融機関の業務はお金を扱うだけに、日常的に強い緊張をともなう場面が多く、精神的な負担が小さくありません。また、数年ごとに転勤が繰り返されるため、家族の暮らしにも影響がおよびます。その反面、やりがいは大きく、日々、取引先の経営や地域経済の発展にかかわっているという充実感は得られるものの、実力主義の厳しい世界であるのは事実です。池井戸作品には、そうした厳しい側面が興味深いエピソードを通じてすくい上げられているように感じます。

「銀行は、晴れの日に傘を貸す？」

そして、もうひとつ、同氏の作品がとらえている本質的な要素として挙げられるのが、金融機関のきわめて保守的な風土です。

いうまでもありませんが、一人ひとりの担当者にはそれぞれに個性があり、行動的な性格の人もいれば、緻密な作業を得意とする人もいます。しかし、組織としては保守的で、前例主義であり、横並び意識も抜けません。たとえ小さなリスクであっても強く警戒する風土は、おそらく他業界よりも顕著でしょう。

したがって、業務上のミスやコミュニケーション不全、突出した個人行動など、リスクにつながりかねない行為に対しては、とりわけ厳しい目が向けられます。金融という業務の性格上、当然といえば当然なのですが、金融機関とのやりとりが少ない方にとっては、おそらく想像以上に保守的な企業文化ではないかと思われます。とくに融資にまつわる交渉に臨む場合には、その保守的な行動原理をあらかじめ頭に入れておいたほうがよいでしょう。

では、実際、日常業務のどのあたりに、その保守性があらわれるのでしょうか。

たとえば、多くの金融機関では、担当者が取引先の方と面談する際には、その場のやりとりを必ず記録に残すように指導されます。伝達ミスやお客様とのトラブルを防ぐためです。そして、お客様とのやりとりは日報により上司に報告され、支店内の関係者で情報が共有されるしくみになっています。

また、前述したライン審査体制も、金融機関の保守的な風土を反映したしくみといえるでしょう。池井戸作品では、融資業務における審査には複数の支店関係者が存在し、もし実損が発生するような事態になれば、そのプロセスが詳細に検証されて、責任の所在が追及される様子が描かれています。その結果、業績にかかわるような失敗が認められた場合には、担当者や上司をはじめとする関係者に相応のペナルティが科されるので主人公が異動することがあるのです。そうした企業風土のなかで長い間、働き続けるのですから、銀行員は保守的にならざるを得ないのです。

ただし、このことは金融機関との間に良好な関係を築くうえで、重要な示唆を与えています。つまり、金融機関は融資先に対しても、堅実で慎重な経営を求める傾向があるからです。事実、飛躍的な急成長ばかり追い続ける経営者より、金融機関は現実的な資金計画を立てて将来に夢を託す経営者に対して、好意的な目を向けます。資金繰りに窮したときだけ支店に日参する経営者より、日ごろは疎遠でも、決算期には必ず業績を報告してくれる経営者を信頼するのです。

ドラマの『半沢直樹』にも「銀行は雨の日に傘を取り上げ、晴れの日に傘を貸す」というセリフがありました。金融機関に対する批判的な気持ちが伝わってくる表現ですが、融資を受ける側から見れば、たしかにそう映るのかもしれません。

しかしながら、できるだけリスクを抑えようとする金融機関の視点は違います。会社や経営者の方を信じて融資を実行したにもかかわらず、その信頼が裏切られてしまったという見方が強いのです。

実際、私も銀行員時代には担当先の倒産を経験しましたが、最悪の事態に追い込まれる前に、なぜ相談してくれなかったのかと、自分の力不足をくやしく感じたものです。つまり、雨が降りそうな状況を早く教えてもらえれば対策が考えられることがありますが、雨が降り出してしまうとなかなか対策の打ちようがありません。仕入れ先への支払い遅延や給与の遅配など、真に資金繰りに窮する状況に陥ると雪だるま式に悪化するケースが多いのです。金融機関で同じような経験をもつ方は、そうした落胆に心当たりがあるはずです。銀行も私企業なので最終的に自衛のために撤退せざるを得なくなってしまったことを残念に感じている担当者は、少なくないと思います。

4 支店長はどういう仕事をしているのか

多くの金融機関に共通する保守的な風土は、経営者の方々も日ごろのやりとりを通じて感じているでしょう。一方で、金融機関としての基本的なスタンスが大きく変わることはないものの、支店長が交代した途端、支店の雰囲気がガラリと変わったと感じたこともあるのではないでしょうか。じつは、支店長しだいで支店の運営方針や雰囲気が変わるケースが少なくありません。

支店長には、いわば「一国一城の主」として一定の権限が与えられています。前述したような融資の決裁権も、そのひとつです。規模の大きな支店であれば、その限度額も大きいとみてよいと思います。

また、あくまで支店内の人事にかぎられますが、担当エリアの変更なども支店長の裁量の範囲に属しています。ただし、よほどの事情が認められないかぎり、実際には担当先の変更は行われません。お客様と担当者の相性を人事に反映させていてはキリがないからです。そのことは、たとえお客様からの要望であっても、基本的には変わりません。ただし、納得性の高い理由とともにお客様から繰り返し要望された場合には、例外的に変更を認めるケースもあり得ます。

日報を重視する支店長は少なくない

支店運営や業務活動の責任者である支店長には、部下となる仲間たちのマネジメントや融資案件の決裁をはじめ、人事評価や労務管理、お客様のフォロー、地元の諸団体との関係構築など、じつにさまざまな仕事があります。

また、支店の立地が商業地域なのか、住宅街なのか、あるいは中小企業が密集する工業地帯なのか、といった周辺環境やそのときどきの景気動向によっても果たすべき役割は異なり、お客様のニーズもさまざまです。その地域における金融機関の代表者として出席すべきイベントも多く、地元企業の経営者の方々はもちろん、行政をはじめとする公的機関の方々との交流など、他業界の支社長や支店長といった地域の代表者とは活動範囲が異なる場合が少なくないようです。

そのほか、重要な仕事のひとつに部下との日報のやりとりがあります。基本的に、業務にかかわる情報やお客様とのやりとりなどは、担当者から日報を通じて支店長に報告されるしくみになっています。支店長にとって、日報は部下の行動や仕事ぶりを把握するための大切な手段でもあるため、情報共有のためのツールとなるだけでなく、人事評価の材料を得るという意味でも、日報を重視している支店長は少なくないようです。支店長は書面による報告や口頭報告で部下の動きを見ています。一方で、双方向評価として会話しやすい支店長になることも求められています。

一般的には、お客様との面談や会合への出席といった対外的な活動と、決裁事務をはじめとする支店内での活動をバランスよく両立させるように心がけている支店長が多いのではないでしょうか。銀行員時代、私は２つの店舗で支店長を務めましたが、そのときの経験からいえば、業務の５割を占めるのが対外的な活動で、３割が人事関係、２割が決裁事務という感覚でした。

ただし、支店長のタイプしだいで、その比率は変わります。

たとえば、営業部門での勤務経験が豊富な支店長であれば攻撃型の支店運営になりがちで、融資についても積極的な方針が打ち出される傾向があります。逆に、融資部門を長く経験していた支店長の場合は守備の意識を持ち、融資先のフォローやバックアップに力を入れて、ポートフォリオの改善に注力します。

ほかにも、海外での勤務経験が豊富な支店長もいれば、本部の人事部門に長く在籍していた支店長もいます。それぞれに異なるバックグラウンドをもつため、支店の運営方針も支店長のスタイルによって変わります。したがって、経営者の方々が金融機関との交渉に臨む際には、あらかじめ支店長の人柄や性格を把握しておくべきでしょう。直接、支店長と面談して、その人柄をたしかめるのはもちろんですが、どの地域にもたいてい情報通の方がいて、経営者同士の交流会などでは近隣の支店に関する情報交換も行われているようです。そうした情報が参考になるかもしれません。

「攻撃型」の次は「守備型」？

ちなみに、これは金融機関の社風や業績などにもよりますが、同じタイプの支店長が何代も続くような人事配置は避けられる傾向があります。

たとえば、融資に積極的な攻撃型の支店長が続くと、一時的に支店の業績は伸びるかもしれませんが、その反面、実損が発生するリスクも高まります。逆に、守備型の支店長ばかりが続けば実損のリスクを低減させることはできるかもしれませんが、業績が伸び悩む可能性もあります。したがって、攻撃型の支店長の後任には守備型の支店長を配置するなど、タイプの異なる人材が赴任するケースが多く、支店長の交代によって融資に関する姿勢が変わる可能性があるのです。

支店長の日常はかなり多忙ですが、ふだんから面識を得ておくことは、経営者の方々にとって何かと有益です。ただし、支店長とのパイプを太くするための接待や贈り物などの心遣いは無用です。

かつては酒席をともにしたり、ゴルフに誘ったりして支店長との距離を縮めようとする経営者の方も少なくなかったようですが、もはやそういう時代ではなくなりました。とりわけ、コロナ禍以降は社会そのものが変質したせいか、そうした交流はほとんど見られなくなったようです。

そもそも、たとえ支店長と個人的に親しくなったところで、融資の審査に手心が加えられる可能性はありません。融資額が増えることも、債務が消滅することもないのです。

さらに、いずれ支店長は転勤します。このことは省庁の人事慣行にも共通することですが、金融機関も頻繁に異動や転勤を行うことで、職場の人間関係や社外との交流がしがらみとなって、何らかの不正を招くような構造を防いでいるのです。したがって、支店長の人柄よりも、その肩書との距離を縮めようとする努力は損得勘定に合わないと認識しておくべきでしょう。

あえて付言しておくと、前述したように、金融機関の担当者がお客様とのやりとりを詳細に記録するよう指導されるのは、後任への引き継ぎに万全を期するという意味でもあります。頻繁に異動や転勤が行われるため、情報の属人化を防いでいるのです。

支店長との関係づくりに取り組むなら、頻繁に顔を合わせる必要はありません。その王道は、決算後に「直接、報告したい」と面談を申し込むことです。お客様からそういった要望があれば、支店長が多忙を理由に断るようなことはありません。定期的に面談の機会を設定して、信頼関係を築きたいものです。

5 キーパーソンは財務分析のスペシャリスト

すでに紹介したように、本部の決裁を必要としない場合、融資に関する審査において最終的な決裁者は支店長になります。しかし、対外的な活動が多く、日々、多忙な支店長が一つひとつの稟議書を詳細に検討するには時間的な制約もあり、なかなか現実的ではありません。そこで、多くの場合、支店長や副支店長は融資課長を信頼し、その判断を尊重することになります。したがって、ライン審査体制におけるキーパーソンは融資課長であるケースが少なくありません。

融資課長は、原則として、その支店におけるすべての融資案件を精査しています。支店の規模によっても異なりますが、メガバンクの一般的な支店の場合、1日あたり10～20件近くの稟議書が融資課長のもとに届けられます。

ただし、当然ながら、コンスタントにそのすべてを精査できるわけではないため、その日に処理できなかった案件は翌日に持ち越されます。そして、翌日になると再び稟議書がデスクに積み上げられて……というのが融資課長の日常なのです。私も長く融資課長を務めましたが、月末に向けて長時間勤務になりやすく、また数字を細かく追い続けなければならないため、強い緊張を強いられる立場といえます。

融資課長は勘定科目内訳明細書を重視する

融資に関する稟議書には、その会社の事業内容がまとめられているほか、業界の傾向や競合他社の動向などもレポートされ、経営者に関する情報も盛り込まれています。全体でA４用紙５枚から10枚分くらいにはなるでしょうか。なかでも、融資課長が慎重に読み込むのが決算書ですが、貸借対照表や損益計算書だけでなく、勘定科目内訳明細書を重視します。

勘定科目内訳明細書には、勘定科目ごとに詳細な内訳が記載されており、預貯金等の内訳書であれば、金融機関の支店名や口座の種類、期末残高などもわかります。売掛金や棚卸資産、仮払金など、各明細書の内訳を詳細にたどって数字を突き合わせれば、粉飾の可能性なども含めて、その会社の財務状況を的確に把握することができるのです。

もっとも、決算書がデータ化されているため、そこに何らかの矛盾が含まれている場合、システムがアラートを発して問題点を教えてくれたりします。したがって、デジタル化が進んだ現代においては、数字の不整合や矛盾を発見することよりも、スクリーニングを経た決算書から経営者の意図を読み取ったり、経営状態から返済能力を的確に見極めるという、ある意味で人間的な分析能力が求められています。そうした支店長の判断に貢献する融資課長は、各支店における財務分析のプロフェッショナルといってよいでしょう。

時間がかかる案件は実現可能性が低い

融資課長をクリアした稟議書は、さらに副支店長と支店長のもとで精査されることになりますが、よほどの問題が浮上しないかぎり、融資課長によって問題がないと判断された案件に物言いがつくことはありません。それだけに融資課長の判断は慎重で、仮に稟議書の内容に不備や不足があれば、繰り返し担当者のもとへ差し戻されます。ただし、差し戻される回数はせいぜい3回が限度でしょう。それ以上、差し戻しが必要になる案件は、融資不可と判断されたも同然といえます。

また、繰り返し担当者のもとへ差し戻され、修正されても、融資課長が判断しかねる場合には「融資会議」が開かれます。この会議には、支店長をはじめとする関係者のほか、営業課長など、ライン審査体制には参加していない役職者が加わるケースもあり、支店の営業戦略も含めた総合的な観点から融資の可否が検討されます。

このように、融資に関する審査の過程は慎重な検討を要する案件ほど関係者の数が増えて、結論が出るまでに時間がかかります。したがって、審査に時間がかかる場合は、融資が行われる可能性は低いと考えてよいでしょう。一般的に、融資を申し込んでから3か月を経ても結論が出ていない場合は、その金融機関から融資を受けることは難しいと判断してよいと思います。

ここまで、融資にまつわる審査のプロセスや審査にかかわる役職者の役割などを細かく紹介してきました。金融機関が実際にどういったメカニズムで動いているのか、おおよその感覚はつかめたのではないでしょうか。次章では、経営者保証が事業承継にどのような影響をおよぼしているのか、事例をもとに紹介します。

column

銀行員はココを見ている！❶

社内の整理整頓が実践されているか

〝値踏み〟という表現はあまり好ましくありませんが、基本的に銀行員は融資先をよく観察しているものです。決算書からは読み取れない変化をいち早く察知できる可能性があるからです。

昔から倒産の兆候はトイレにあらわれるといわれますが、たしかに的はずれともいえません。業績が悪くなると経営者が不在がちになり、管理職の退職も相次いで、日常的な社内整備や管理体制がおろそかになる場合が少なくないのです。銀行員がわざわざトイレをチェックするようなことはありませんが、いつ見られてもよいように、ふだんから清潔な環境を保つように心がけたいものです。

また、銀行員はオフィスや工場の様子にも敏感です。デスクまわりが書類で雑然としていたり、工場内の整理整頓が行き届いていなかったりすると、規律の喪失や不統制の兆しと受け取られかねません。そして、そうした情報は少なからず、その会社に対する評価に影響すると考えておいたほうがよいでしょう。乱雑な職場環境は、ミスや事故を誘発しかねないからでもあります。

そのほか、従業員の勤務態度も見られています。会釈や挨拶など、部外者を迎える際の応対がしっかりとできている会社なら、誠実で丁寧な顧客対応もできていると想像することができます。しかし、弛緩した雰囲気の職場から向上心や責任感を読み取るのは困難です。従業員教育にも積極的に取り組んでいる様子を察することができれば、その会社に対する信頼感は高まるに違いありません。

第2章

事業承継が失敗する原因は経営者保証にあり

1 続々と廃業に追い込まれる中小企業

昨今、中小企業を取り巻く環境が厳しさを増していることは、多くの経営者の方々が肌身で実感しているのではないでしょうか。とりわけ、2020年のコロナ禍で打撃を受けた中小企業の多くは、ようやく訪れた業績の回復局面でひと息ついた途端、いわゆるゼロゼロ融資の返済が始まって、ますます資金繰りが厳しい状況に追い込まれています。

さらに、世界的なインフレや急激な円安、地政学的リスクなどの影響によって、原材料価格の高騰が中小企業の経営を圧迫しています。そのうえ、大企業を中心として賃上げの動きが広がってきたことにより、人件費の上昇圧力が強まって、中小企業の現場では人手不足が加速してきました。

こうした状況のなかでは、将来の見通しも不透明にならざるを得ません。いっそのこと少しでも余力が残されているうちに撤退するのが得策ではないかという判断から、廃業や事業の清算を選択する経営者が増えています。しかし、多額の借入れを返済しなければならないため、撤退すら許されず、事業を継続するしかない状況に追い込まれてしまうケースもあります。その一因と指摘されているのが経営者保証です。

候補者の大半が挙げる承継拒否の理由

まず、喫緊の社会問題とされている「事業承継の２０２５年問題」について、見てみましょう。

２０２５年問題とは、いわゆる団塊の世代が２０２５年に75歳を超えるため、その後の超高齢化社会で起こると予測されている諸課題のことです。医療や年金、介護といった社会保障の分野をはじめ、あらゆる分野で深刻な問題が生じるといわれています。

日本の総人口に占める割合が最も高い年代の方々が後期高齢者になるのですから、経営者も例外ではありません。にもかかわらず、多くの中小企業で後継者が決まっていないのです。そのまま何も対策を講じなければ、後継者が決まっていない企業の大半は倒産や廃業に追い込まれてしまいます。この深刻な事態が「事業承継の２０２５年問題」といわれるものです。

中小企業庁によれば、２０２５年までに経営者の平均的な引退年齢とされる70歳を超える中小企業・小規模事業者の経営者は約２４５万人にのぼり、そのほぼ半数にあたる１２７万社で後継者が決まっていません。つまり、日本の企業の３分の１は後継者が決まっていない状態で70代を迎えた経営者により維持されているというわけです。

現状のまま放置されれば、間違いなく中小企業・小規模事業者の廃業が急増します。中小企業庁の試算では、中小企業・小規模事業者の廃業により約６５０万人の雇用と約22兆円ものＧＤＰが失われる可能性があると指摘されています。

まさに国家的な危機といえる状況ですが、じつはそうした危機に瀕（ひん）している企業を廃業から救う手立てが残されています。というのも、後継者が決まっていない１２７万社のうち、２割を超える会社には後継者候補がいるからです。ところが、その多くが経営者保証を理由として事業承継を拒否しているのです。もし、後継を期待されている方々が経営者保証をまぬかれるのであれば、計算上、およそ25万社で事業承継が実現する可能性があるということになります。

なぜ、後継者候補とされる方々は経営者保証を拒絶するのでしょうか。おそらく、倒産した会社の経営者がたどる不幸の実態を知っているからでしょう。

私も、銀行員時代には担当していたお客様の倒産や廃業を経験しましたが、そうした経営者の方々の多くは、その家族も含めて、その後、苦難の道を歩むことになってしまいました。経営者保証によって莫大な借金を背負い、自己破産に追い込まれた方もいます。自宅を含むすべての資産を失って、老後もひたすら借金を返済するために働き続けた元経営者の方もいました。本章では、保証や担保の観点から、倒産に追い込まれてしまった経営者の事例をいくつか紹介しましょう。

事例❶　経営者保証を無力化させる社長の自己破産

金属加工業のA社は、私が銀行員になって5年目に担当したお客様です。およそ20名の従業員を抱えて家電製品用の金属部品を製造しており、毎年、売上が10億円程度で安定していました。当時、40代だったA社長は2代目で、すでに亡くなっていた先代はA社長の岳父(がくふ)にあたります。つまり、A社長は奥様の父が創業した会社を継いだわけですが、その経歴は少し変わっていました。A社長は元銀行員だったのです。

金融業界で働いていたA社長にとって、妻の実家とはいえ、ものづくりの現場はまったく畑違いの職場でした。それでも2代目として事業を継ぐことになったのは、岳父が思いがけず急逝したからです。奥様は一人娘だったため、事実上、A社長のほかに後継候補は見当たりませんでした。

もっとも、そうした状況であれば、いつか自分にお鉢が回ってくるのではないかと、事業承継の可能性をひそかに想定していてもよさそうなものですが、まだ還暦を過ぎたばかりだった岳父を襲った突然の不幸であったため、事業承継のことなど誰も考えてはいなかったようです。予想もしなかった事態に直面して、A社長はとにかく従業員の生活を守らなければならないという義務感から、事業承継を決断しました。

当初こそ不慣れな環境に戸惑ったものの、意外なほど早くA社長が事業の全体像を把握するようになったのは、前職での経験が基盤となったからです。銀行員時代に100社を超える取引先の決算書を読み込んでいたことから、A社の経営状態を財務面から理解することができたのです。

ものづくりの経験こそないものの、財務に精通した2代目が事業を承継したことに周囲は安堵しました。メインバンクの担当者である私の目にも、元銀行員という経歴は異色ながら、頼もしく映りました。経営者保証付きとはいえ、A社に対して無担保で融資が行われたのは、その経歴に裏打ちされたA社長の能力が信頼されたからでした。

ところが、そうした信頼は意外なかたちで裏切られてしまいました。突然、私の支店に1通のファクシミリが流れてきたのです。差出人は弁護士で、そこにはA社の破産手続きに関する通知が事務的に書かれているだけでした。初めて経験する事態に動転しつつ、私はA社に向かいました。

「元銀行員」という経歴が招いた過信

じつは、それまでまったく兆候がなかったわけではありませんでした。

第一に、A社に対する融資案件について、銀行のシステムがアラートを発していたのです。しかし、融資に関する判断はコンピュータによって機械的に行われるわけではありません。もちろん、財務状況は詳細に分析されますが、最終的には経営者の人柄や事業の将来性などを総合的に勘案して判断されます。したがって、支店長以下、融資課長も私もA社長の「元銀行員」という経歴を信頼して無担保融資に踏み切ったのです。

また、もうひとつ、私がかすかな疑念を感じたのは、あるとき、A社長がふと「お金が足りない」と吐露したからでした。しかし、A社の業績は安定しており、毎年、黒字を積み重ねています。当面は設備投資や新規採用の予定もなく、A社長や家族の日常生活に関しても懸念すべき噂は聞こえていませんでした。そんなはずがない、と私はそのとき小さな違和感を否定したのですが、結果として、私の判断は間違っていたことになります。A社長は決算書を粉飾していたのです。

決算書を操作することで経営の実態を隠蔽するという行為が何を意味するのか、その重大さを認識していないビジネスパーソンはいないでしょう。まして、かつて銀行で働いた経験をもつ経営者が、そうした背信行為に手を染めることなど、常識で考えられることではありません。しかし、そのあり得ないことが起こってしまったのです。在庫をはじめ、決算書に記載されていた資産は存在しておらず、無担保で行われた融資は、回収できる見込みはありませんでした。

もっとも、A社長には経営者保証による債務保証が生じています。本来であれば、A社長が個人として債務を返済しなければならないのですが、すでに弁護士を通じてA社長の自己破産が申し立てられており、その後、裁判所によってその申請が認められました。この決定により、A社長は法的に免責されることになったのです。

ファクシミリに驚いた私がA社に駆けつけたとき、そこにはまだA社長の姿がありました。駆けつけた私を目ざとく見つけたA社長は、小さく「すまない、あとは弁護士に任せている」とだけ口にして、間もなく逃げるように去っていきました。その後の消息は、いまもわかりません。

倒産経営者に返済能力がないという実態

この一件は、いまでも当時の絶望的な緊張感がよみがえるほど、私にとっては苦い記憶です。しかし、この経験は銀行員としての私にお客様を信頼することの難しさを教えてくれる貴重な教訓ともなりました。

おそらく、A社長が善人であったか悪人であったかという詮索に、あまり意味はないはずです。当初からA社長が粉飾を意図していたとは考えにくく、他人を欺いてまで自分の利益を追求するような計算高い人であれば、そもそも安定した職をなげうって家業を継ぐような決断はしなかったでしょう。むしろ、A社長は常識的な判断力が失われるほどに事業の継続を至上命令と受け止めてしまったため、追い詰められていたように感じます。その強い意志を信頼するあまり、重要な兆候を過小に評価してしまった私の責任も小さくはないと反省した一件でした。

じつは、この事例からもわかるように、従来から経営者保証の実効性については問題が指摘されていました。つまり、経営者に対する規律付けという点では一定の効果が認められるものの、倒産した際に自己破産を申請して裁判所に認められれば、債務をまぬかれることができるのです。

また、実際に経営が破綻した段階では、すでに経営者個人の資産も失われているケースが多く、法人の負債を個人が返済するというしくみそのものに無理があるという指摘もなされています。実際、ある調査によると、元経営者により返済された経営者保証付き融資は総額の３～４パーセントでしかないともいわれます。こうした実態は、経営者保証に対する近年の動きと無関係ではないでしょう。

事例❷　家族も資産を失う倒産の構造

次に紹介するのは、輸入車販売業のＢ社です。もともと大手商社に勤務していたＢ社長が１９８０年代後半、バブル景気のなかで退職し、個人事業として始めたビジネスを前身とする新しい会社でした。時代の潮流をうまくとらえて高級車を専門的に扱ったことで事業が軌道に乗り、数年後には従業員が７名に増えました。

しかし、Ｂ社長にとって輸入車の販売はあくまで事業の入口でしかなかったようで、将来的にはリゾートマンションの開発やホテル経営など、いわゆるラグジュアリービジネスとしての展開を計画していました。まさに空前の好景気を体現するような経営者で、実際に急成長を実現しているだけに、たいへんな自信家でもありました。メインバンクの担当者として、当時、私は定期的に面談を重ねましたが、成功を確信しているかのようなB社長の話に耳を傾けていると、たしかにB社は有望な鉱脈を掘り当てたのかもしれないと感じたものです。

もっとも、それだけになおさらB社の急激な事業拡大とB社長の人柄につきまとう一種の危うさが際立っても見えました。しかしながら、B社長はそうした周囲の不安を一掃するだけの背景をもっていました。夫人の実家が、地元でも有数の資産家だったのです。

自宅の売却に追い込まれた父親

江戸時代の素封家（そほうか）にさかのぼるというB社長夫人の実家は地元の名士で、一族には事業家もいて、B社長の義父は地域の一等地に複数の駐車場を所有する資産管理会社を経営していました。そのころ義父はまだ60代でしたが、娘からの依頼もありB社長の事業に対して全面的に協力する姿勢を示していました。融資に際しても、資産管理会社が所有する駐車場を担保として提供するという申し出があったため、創業から間もない会社としては異例なほどに多額の融資が行われました。

一方、父親によって十分な不動産担保が提供されたことに加え、不動産担保以外は信用保証協会による保証も得られていました。

事業用の駐車場物件だけでなく、父親は自宅も担保として提供したため、いわば江戸時代から蓄積されたＢ社長夫人の実家の全財産を投じてＢ社長の創業を応援したようなものでした。しかし、結果として、婿に対する厚意は裏目に出てしまいます。バブル景気の崩壊にともなって高級輸入車の需要が一気に縮小し、一転してＢ社は販売不振に陥ったのです。そうなると、それまでの積極的な事業展開が大きな負担となり、Ｂ社の資金繰りは急速に悪化してしまいました。

高級輸入車は一部で根強い人気があるため、経済環境の変化にかかわらず、その後も一定の需要が安定的に見込まれたはずです。したがって、Ｂ社長が急拡大を志向せず、固定費を抑えた身軽なビジネスに転換していれば、事業を続ける道は残されていたのかもしれません。

もっとも、リゾートマンションの開発やホテル経営に進出していなかっただけ傷は浅かったと見るべきなのかもしれませんが、間もなくB社が倒産したことによってB社長も義父も、ほぼすべての財産を失ってしまいました。広大な自宅を売却せざるを得なくなった義父には、その後、おそらく生まれて初めて経験する賃貸住宅での暮らしが待っていたはずです。

また、私はすでに他支店に異動していたため、B社長がその後、どういう人生を歩んだのかはわかりませんが、自己破産を申請した可能性が高いと思われます。融資額に見合った十分な担保が提供されていたものの、信用保証協会に対する多額の保証債務は残っていたからです。いずれにせよ、B社長夫人の実家は担保として提供した大切な資産をすべて失うことになりました。

身の丈に合った経営とは？

この一件では、融資額に見合う資産価値をもつ担保が提供されていたため、銀行に実損は発生しませんでした。しかしながら、銀行員としての私にとって、事例１で紹介したA社のケース以上に自分の力不足を痛感させられた出来事となりました。まるで何かに追い立てられているかのように事業の拡大を急ぐB社長に対して、ブレーキの役割を果たすことができなかったからです。

もちろん、たとえメインバンクとはいえ、融資先の経営方針に口をはさむわけにはいきません。しかし、融資を通じてお客様の成長に協力する立場としては、冷静にリスクを指摘して、B社長に自重を求めるべきだったのかもしれません。

万が一、経営が破綻した場合、資産家であったB社長夫人の実家がその自宅を失ってしまうほどに多額の融資を必要とする経営が、本当に身の丈に合った経営といえるのか――。

もし、私がB社長にそうした懸念を伝えて、決定的な窮地に追い込まれる前に軌道修正を提案していたら、義父が自宅まで手放さなければならないような結末には至らなかったかもしれないと、いまも悔やまれます。

事例❸ 会社の延命装置として機能する経営者保証

3つ目に紹介するのは、私が融資課長だったころに倒産してしまったC社です。中小企業と経営者の方々にとって、経営者保証は本当に役立つ存在なのかと、その本質的な意義を考えさせられる一件でした。

小説やドラマに出てくるような典型的ともいえる町工場だったC社は、創業者であるC社長のほか、経理を担当する奥様と3名の従業員で金属加工を行っていました。建築業界でヒンジと呼ばれる蝶番（ちょうつがい）が主力製品です。

当時、60代だったC社長はものづくりひと筋の職人的な方だったため、高校を卒業し、勤めていた工場から独立したC社長を経営面で支え続けてきたのは奥様でした。そして、従業員は3名ともに50代のベテランで、30年以上にわたって増えることも減ることもなく、同じ顔ぶれで仕事を続けてきたそうです。その堅実な仕事ぶりは発注元企業からも信頼されていたようで、毎年、売上は1億円前後で安定していました。

ところが、その発注元企業で代替わりが行われ、新しい経営者が事業の刷新に取り組み始めたころから事情が変わってきました。コスト削減のために従来の取引関係をすべて見直すことになり、その結果、Ｃ社に対する発注量が削られていったのです。さらに、ちょうど同じころにＣ社長の奥様が大病を患って、Ｃ社長は現場の仕事に専念することができなくなってしまいました。幸いにも、近くに住む長女が育児の合間にパートとして事務作業を手伝うことになったものの、少しずつ歯車がかみ合わなくなってきて、目に見えないひずみが蓄積されていったようです。

やがて、ある年、ついに業績が赤字に転落してしまいました。さらに、翌年も赤字が続いたことから、関係者の間ではＣ社の業績悪化として意識されるようになりました。しかし、業績を急回復させるような妙手があるはずもなく、結果として４年連続で赤字に陥ってしまった年の暮れ、残念ながらＣ社は倒産してしまいました。

個人の返済能力を超える融資が可能な理由

融資課長だった私は、担当者とともにC社長との面談にたびたび同席し、倒産に至る1年ほど前から業績の立て直し策を模索するようになっていました。しかしながら、好循環にせよ悪循環にせよ、いったん流れができてしまった会社ではその勢いを止めることが難しく、赤字を生む構造を転換させることはできませんでした。

C社の場合も、売上が減少して資金繰りが苦しくなると、C社長は金策に奔走せざるを得なくなり、現場での作業や新たな受注の獲得といった本来、業績回復のために必要な仕事が手薄になっていったのです。すると、ますます業績が悪化して資金繰りが苦しくなるという悪循環が生じて、最後の半年間は毎月、いつ倒産してもおかしくないような綱渡りを続けていました。

そうした段階になると、もはやメインバンクとしてもできることはかぎられています。事実上の返済猶予を意味するリスケ（返済計画の見直し）を行っていましたが、まさに焼け石に水でした。それほどに、Ｃ社では負債が積み重なっていたのです。

Ｃ社長は、業績が年々、悪化していくなかで、工場や土地、機械設備だけでなく、自宅も担保として提供したうえ、信用保証協会による保証付き融資を得て、なんとか事業を続けようと努めていました。もちろん、すべての融資には経営者保証が付いています。そうしてＣ社長の個人資産もすべて提供して融資を受け続けるうち、いつしか負債はＣ社長が個人として返済できる額をはるかに超えていたのです。

そもそも、ひとりの人間が生涯を通じて返済できる額は、数千万円が限度でしょう。億単位の額を個人が返済するのは、現実的には不可能です。しかし、業績が好転しないなかで会社の延命に努めていると、借入れの総額が返済可能な範囲内におさまっているのかどうかといったことには思いが至らず、とにかく当面の破綻を回避することを優先してしまいがちです。やがて、個人の返済能力を超えるほどに融資額が膨らんでしまうのです。Ｃ社長も、億単位の融資に対する経営者保証が付いていました。

すでに70歳に近く、個人の資産もいっさい残っていなかったＣ社長は、その後、自己破産を申請して裁判所に認められました。その後、長女が暮らす家の近くでささやかな生活を始めたそうです。

長い不況を経て変質した経営者保証

C社のケースは、経営者保証が経営者の方々の選択肢を狭めている実態を示唆しているのではないでしょうか。融資額が個人の返済能力を超えている場合、なかなか廃業を決断することはできないからです。

将来の見通しが決して望ましいものではなく、めぼしい後継者もいない経営者の方々にとって、ある程度の資産が残されているうちにリタイアを決断することは、有力な選択肢のひとつです。C社のケースでも、主要な取引先が経営方針を大きく転換したあたりの時期を潮時とみて、そのころに廃業を検討していれば、その後の展開は大きく違っていたと思われます。おそらく、従業員にそれなりの退職金を支給し、C社長夫妻が老後を安心して過ごすくらいの資産は残っていたはずです。

また、定年にはまだ早い従業員の雇用を重視するのであれば、M&Aの可能性を探ることも考えられます。その時点であれば、Ｃ社長にはまだいくつかの選択肢が残されていたのです。

しかしながら、経営者保証付きの融資が億単位にまで膨らんでしまった段階では、もはや廃業することもできません。廃業してしまえば、Ｃ社長個人が背負うことになる多額の負債を返済するための手段が失われるからです。もちろん、その段階ではＭ＆Ａの成立も期待できません。

そう考えると、従来、中小企業の信用力を補うことで、その資金調達に貢献してきた経営者保証が、長期にわたるデフレ不況のなかで変質してしまった実態が浮かび上がってきます。つまり、不況が続くなかで企業の延命装置として機能するようになってしまった経営者保証は、超高齢化社会を迎えようとしているいま、経営者の方々の引退をさまたげる障害となっているのです。視点を変えれば、このことは中小企業において世代交代が進んでいない理由がどこにあるのかを示しているともいえます。

続いて、実際に経営者保証がスムーズな事業承継をさまたげてしまったケースを紹介しましょう。

事例❹　経営者保証を拒む後継者の言い分

工業用化学製品の製造業D社は、銀行を退職した私が経営コンサルタントとして活動を始めてから、まだ間もないころに依頼を受けたお客様でした。金属部品のコーティング剤をはじめ、工業製品に使用される塗料や接着剤などを製造していました。

長い間、大手企業の下請けとして事業を続けてきましたが、D社長の父親が2代目として社長を務めていたころ、その特殊な技術力を活かした自社製品を開発して、大手企業への依存体質から脱却することに成功しました。ちなみに、その特殊技術で特許も取得しており、その後のD社の中心的な技術になっています。それ以来、D社は堅実な経営を続けて、3代目のD社長のころには30名近い従業員を抱え、毎年、8億円程度を売り上げていました。

私のもとに寄せられたのは、翌年に予定していた事業承継にあたって、経営者保証のあり方を見直したいという相談でした。4代目として事業を継ぐ予定であった長男が、D社長から経営者保証を引き継ぐことに抵抗しているというのです。早速、私はＤ社長と長男に面談しました。

M&Aで経営権を手放す

取締役工場長を経て常務取締役に就任していたＤ社長の長男は、まだ40代前半と年齢こそ若かったものの、役員として十分な経験を積み、父親を支えてきました。そして、Ｄ社長も長男に信頼を寄せている様子が伝わってきました。その面談が長男との初対面だった私も、比較的、早いタイミングで事業承継を希望しているＤ社長の気持ちが理解できるような気がしました。

しかし、長男の話を聞いていると、その言葉の端々から感じられる経営者保証に対する拒否反応は、想像以上に強いものでした。

「曽祖父が始めた会社ですから、私もできることなら早く跡を継いで父の負担を軽くしてやりたいと思っています。しかし、家内や子供たちのことを考えると、やはり経営者保証はあまりにもリスクが大きい。経営者保証が解除できるのなら、いつでも跡を継ぐ覚悟ですが、もしそれができないとすれば、どなたか別の方に跡を継いでいただいても構わないと考えています」

そう明言する長男の様子からは、すでに深く検討を重ねた末に出した結論であることが察せられました。そうした長男の意思に対して、当初こそD社長は説得を試みたものの、いつしか長男の気持ちを尊重すべきだと考えるようになっていました。これまで経営者保証を担ってきた当事者だけに、たとえ長男といえども無理強いはできないと思い直したようです。

D社長のケースでは、経営者と後継者の意思がすでにはっきりと示されているうえ、両者の要望にほとんど乖離がなかったことから、その後の方針はスムーズに決まりました。そして、最終的に行き着いたのはM&Aです。同じ業界の大手企業がD社に関心を示したため、交渉に臨んだところ、間もなく円満なかたちでM&Aが成立したのです。

これにより、D社長はD社の経営権を手放すことになりました。後継者候補が経営者保証を拒否したことが、事業承継を断念する原因になったわけです。

ただし、資本関係はなくなったものの、引き続きD社長が経営を担い、なるべく早い段階でD社長の長男へバトンタッチすることが決まりました。M&Aが社内外に動揺を与えることを嫌った大手企業側の要望によるもので、D社長にも長男にも異存はありませんでした。その後、D社長は代表権のない取締役会長に就任し、長男はいわゆるサラリーマン社長としてD社の4代目を継ぐことになりました。

なぜ後継者は経営者保証を受け入れないのか

このケースは、なんといってもD社長の長男が示した経営者保証に対する強い拒絶が印象的な一件でした。その考え方は、もちろん長男の人柄や性格に起因するものではありますが、決してD社だけの問題ではなく、後継者候補によく見られる傾向といえるのではないでしょうか。つまり、創業者と後継者では経営者保証に対する考え方や受け止め方が根本的に異なるということです。

創業者の場合は、当然ながら、自分の意思で起業するため、経営者保証についても納得感は高いはずです。また、創業時は資金調達に苦労するケースが少なくないため、経営者保証のメリットも実感しやすい立場といえます。

一方、後継者も事業を承継するかどうかは最終的に自分の意思で決めることになるとはいえ、それはたいてい運命的な環境を受け入れるかどうか、といった観点からなされる判断でしょう。創業者のように、あくまで自由な意志にもとづいて経営者として歩む人生を選択するのではありません。後継者にとって、会社は自分の意思にかかわらず、すでに存在していたものなのです。

したがって、経営者の家庭に生まれたという運命を受け入れて家業を継げば、自動的にその負債に対する連帯保証人にさせられるというシステムに抵抗を感じるのも無理はないともいえます。自分自身はともかく、妻や子供まで巻き込んでしまうリスクをきっぱりとはねのけるのは、むしろ立派な判断です。そうした事情を考えれば、やはり経営者保証が事業承継に与える影響は小さくないととらえるべきでしょう。

D社には、幸いにして独自性の高い技術力がありました。その点が評価されてM&Aが成立したことにより、その後も事業を続けることができたのです。しかし、中小企業のすべてがそうした強みをもっているわけではありません。もし、特徴的なアピールポイントをもたない会社でD社と同じような問題が起こってしまったら、事業承継はいっそう難しくなるに違いありません。

事例❺　経営者保証が招いた事業承継の大混乱

本章の最後に紹介するE社のケースはきわめて特殊で、事業承継の混乱に経営者保証が拍車をかけた事例です。

食品スーパーを展開する流通業E社は、創業者のE社長がほぼ半世紀にわたって社長を続けていました。当時、すでに70代でしたが、気力も体力も充実しており、パートやアルバイトを含めた従業員たちもE社長に信頼を寄せていました。

しかし、商圏の高齢化と過疎化が進んで、売上は徐々に減少していました。地域住民の日常生活を支えているという自負もあり、E社長は第一線を退くことに抵抗を感じていたものの、すでに次世代への事業承継を済ませた同世代の経営者仲間から忠告を受ける機会も増えたようで、あるとき長男への事業承継を決断しました。

長男から父親への事業承継

2代目を継いだ長男は大手流通業に10年近く勤務したのち、家業に戻っていました。大手流通業では、いわゆるバイヤーとして仕入れを担当していた期間が長かったそうで、業界を超えた人脈も広く、また家業に戻ってからは店舗での業務もひと通り経験していたため、申し分のない後継者でした。

ところが、2代目が社長を継いでからまだ1年も経たないころ、問題が生じました。経営方針をめぐって、親子の意見が対立してしまったのです。2代目を継いだ長男は、思い切って業績不振の店舗を閉鎖し、ネット通販事業に経営資源を集中することで活路を見出そうとしたのですが、その方針にE会長は強く反対しました。そして、この父親と長男の対立に次男が加わって、事態はさらに複雑化してしまいました。

次男も他社勤務を経て家業に戻って以降、長男とともに父親を支えていました。長男が

2代目を継ぐと同時に常務取締役に就任し、兄を補佐する立場にあったのですが、兄の方針には反対で、父親に同調していました。これにより、長男に対して父親と次男が連携して異を唱えるという構図が出来上がってしまったわけです。

その後、2代目はE会長と常務に対してねばり強く説得を続けました。しかし、事業観や経営哲学に根ざした見解の相違だっただけに容易には妥協点が見つからず、やがて従業員の間にも創業家に生じた確執に対する懸念が広まっていったようです。社内の動揺に気づいた2代目は、問題の長期化と家族間の決定的な対立を避けるため、家業から身を退くことにしました。

このとき、2代目は自分の跡を弟の常務に継がせることによって事態をおさめようと考えていたのですが、そのアイデアが実現することはありませんでした。経営者保証を理由として、常務が事業承継を強く拒否したからです。その時点で、もはや自分の手には負えないと判断したようで、2代目は地元の商工会に相談をもちかけました。私がE社の事業承継問題を担当することになったのは、その直後のことです。

2代目が引き続きE社にとどまるという選択肢があり得ない以上、E会長が社長に復帰するか、常務が3代目を継ぐしか対応策はありません。問題は、E会長から2代目が引き継いでいた経営者保証を誰が引き継ぐかということでした。

常識的に考えれば、常務が3代目を継ぎ、経営者保証も引き受けるのが最も妥当な道です。しかし、常務が強硬に経営者保証を拒むのであれば、E会長が再び経営者保証を引き受けるしかありません。したがって、E会長が社長に復帰するという方向で、いったんは話が進み始めました。

ところが、こんどは思わぬところから反対の声が上がりました。長男から父親への事業承継という異例の展開に金融機関が難色を示したのです。このときばかりは、私も頭を抱えてしまいました。

混乱に拍車をかけた経営者保証

結局、この一件はE会長が所有する不動産を担保として追加するという条件で、金融機関がE会長による経営者保証に同意したため、E会長の社長復帰が実現し、どうにか事態は収束しました。

しかしながら、それは当面の危機を回避したというだけで、高齢のＥ社長が依然として事業承継に課題を抱えているという本質に変わりはありません。近い将来、必ず訪れる代替わりの時期に備えて、常務の翻意を求めて説得に努めるのか、それともＭ＆Ａをはじめとする別の手段によって事業承継を実現するのか、Ｅ社長には難しい宿題が積み残されてしまいました。

結果として、Ｅ社は長男に譲った経営権を父親が奪い返すという特殊なケースになってしまいましたが、仮に経営者保証という問題がなければ、長男の跡を次男が継ぐことで事業承継の問題は生じなかったでしょう。しかし、後継者候補が経営者保証を強く拒んだため、すでに解決していたはずの事業承継問題が再燃してしまった不幸な事例といえます。類例は決して多くはないはずですが、Ｅ社の一件のように、経営者保証が事業承継にまつわる混乱に拍車をかけてしまう可能性があることは、認識しておいてもよいのかもしれません。

そもそも後継者不足という深刻な問題を抱えている中小企業が多いなか、スムーズな事業承継をさまたげる要因になりかねない課題は、できるだけ排除すべきです。そういう意味でも、経営者保証のあり方を根本的に見直すことは、われわれの社会にとって喫緊の課題といえるのではないでしょうか。

column

銀行員はココを見ている！②

経営者は決算書を読むことができるのか

一般的には、経営者なら決算書くらい理解していると思われているようですが、必ずしもそういう経営者ばかりではないことを銀行員は知っています。面談の際に決算書の内容について少しでも話せば、その経営者が数字をきちんと理解しているかどうかはすぐにわかるからです。

たとえば、昨年度より販売管理費が増えましたね、なぜ剰余金が減ったのですか、といった会話をいくつか重ねることで、その経営者がみずから決算を行ったのか、それとも税理士や経理スタッフに任せきっているのか、その実態は容易に察せられます。

したがって、うわべを取り繕（つくろ）ったつもりでも、じつは見透かされていると考えておいたほうがよいでしょう。

下手にごまかすくらいなら、むしろ不得意な分野であることを率直に明かして協力を求めたほうが、信頼を損なわずに済むのかもしれません。

銀行員は、数字にあまり関心がない経営者を警戒します。いわゆるどんぶり勘定になりやすく、経営判断も感覚的になりがちだからです。

創業者に比べて2代目になると、出来上がったレールに乗って経営指標に関心がないケースがあります。せめて、主要な指標から見方を覚えると、銀行員との会話はスムーズになっていきます。創業者は修羅場をくぐって自然と経営指標を身に付けていることが多いので、後継者は意識して身に付けていくことが望まれます。

決算書を読むことができなければ、業績を客観的に分析することもできません。そうした経営者は、自社の強みや弱みを的確に把握することもできないでしょう。さらに、万が一、社内で何らかの不正が行われても、発見が遅れてしまうはずです。経営者同士が同じ目線で話すこともできないため、他社との情報交換も難しいでしょう。

見方を変えれば、数字に強い経営者は銀行からの信頼を獲得しやすいともいえます。決算書をきちんと理解できる経営者は、融資を受ける際にも有利になると考えてよいと思います。

第3章

社長を救う「経営者保証改革プログラム」

1　融資の流れを変えた「経営者保証に関するガイドライン」

この章では、従来のような経営者保証を前提とする融資のあり方に変化をもたらすきっかけとなった「経営者保証に関するガイドライン」と「経営者保証改革プログラム」について、その内容を具体的に紹介します。

経営者保証を見直すための3要件

中小企業庁の解説によると、経営者保証に関するガイドライン（以下、ガイドライン）は「中小企業、経営者、金融機関共通の自主的なルール」とされています。あくまで自主的に定められたルールであるため、法的な拘束力はありません。融資に際して、中小企業の経営者の方々と金融機関が自発的に尊重し、遵守することをめざして公表されたものと位置づけられています。全国銀行協会と日本商工会議所により策定され、２０１４年２月から適用されました。

策定のねらいは、一定の基準を示すことによって、従来、融資の現場で慣行とされてきた経営者保証のあり方を見直し、その弊害を解消することで、中小企業がもつ本来の活力をよりいっそう引き出すということにあります。したがってガイドラインでは、経営者保証そのものが否定されているわけではありません。

しかしながら、経営者側と金融機関側の協議によって、実質的には経営者保証の解除をめざす方針が打ち出されたという理解が一般的だと思われます。そうした意味で、これまでの融資のあり方に変更をうながす歴史的な転換点といえるでしょう。

ガイドラインのポイントは、経営者保証を必要としない融資やすでに提供されている経営者保証を見直すための要件として、次の３点を示していることです。

- 資産の所有やお金のやりとりに関して、法人と経営者が明確に区分・分離されている
- 財務基盤が強化されており、法人のみの資産や収益力で返済が可能である
- 金融機関に対し、適時適切に財務状況が開示されている

以上の3要件を満たしていると判断された場合、経営者保証を求めない融資やその解除が実現する可能性があるとしています。ただし、その最終的な判断はあくまで金融機関にゆだねられていることになります。

心がけしだいで実現可能な要件も

3つの要件について、簡単に説明しましょう。

1つめの要件に示された法人と経営者個人の分離は、融資に際して金融機関が最も注目しているポイントでもあります。

たとえば、経営者やその家族に対して会社が多額の貸付金を抱えている場合、経営者に対して説明を求める金融機関は少なくありません。もちろん、その目的や貸付の経緯に正当な理由が認められるのであれば問題はありませんが、合理的な理由がない場合には、公私の混同が疑われかねないと考えてよいでしょう。逆に、経営者個人から多額の借入金がある場合についても同様です。

もっとも、個人事業的な体質から抜けきれない中小企業も多く、とくに創業から間もない時期の会社にとって、法人と経営者個人のお金や資産を厳密に区別することは容易ではありません。金融機関も、実際にはそうした事情をよく理解しています。したがって、必ずしも杓子定規に分離が求められているわけではないと認識してもよいのではないでしょうか。経営者が所有する物件を会社が事務所として使用しているのであれば、会社から経営者個人に対して適正な家賃を支払うなど、経営者が一定の規律をもって法人と個人の区別に努めているという姿勢を示すことが大切です。

２つめの要件に挙げられた返済能力は、ＥＢＩＴＤＡと呼ばれる企業価値評価の指標が目安とされます。経営者や投資家の方々はご存じかと思いますが、これは有利子負債倍率と呼ばれる財務分析上の指標です。

詳しい内容は、あらためて後述しますが、ＥＢＩＴＤＡを算出することにより、その会社の返済能力を把握することができます。一般的には、10年程度で返済できる範囲内の借入れが適正と判断されます。

3つめは、近年、日常的に心がけている経営者が増えてきた要件です。昔から、決算時に経営者がみずから財務状況を報告することは金融機関との信頼関係を築くための王道とされてきましたが、昨今は期中も定期的に試算表や資金繰り表などを開示して、情報提供とコミュニケーションに努める経営者をよく見かけるようになりました。ほかの2つの要件とは異なって、経営者の心がけしだいですぐにも実現できるものだけに、経営者の方々には積極的に実践していただきたい要件です。

原則として禁止された二重徴求

当初のガイドラインで以上のようなポイントが示された後、2019年12月には事業承継に焦点を当てた特則が公表されています。

ガイドラインの適用が始まった2014年以降、経営者保証を求めない融資が着実に増えるなど、中小企業の資金調達には好ましい変化が認められるようになっていました。しかし、その後に行われた中小企業庁の調査によって、経営者保証が依然としてスムーズな事業承継をさまたげる要因になっている実態が明らかになったため、従来のガイドラインを補足するかたちで特則が公表されたのです。その調査では、後継者候補が事業承継を拒否している理由の約6割が経営者保証にあるという深刻な結果が示されていました。

特則では、金融機関に求められる対応として、次の5つが示されています。

①前経営者、後継者の双方からの二重徴求の原則禁止
②後継者との保証契約は、事業承継の阻害要因となり得ることを考慮し、柔軟に判断
③前経営者との保証契約の適切な見直し
④金融機関における内部規定等の整備や、職員への周知徹底による債務者への具体的な説明の必要性
⑤事業承継を控える事業者におけるガイドライン要件の充足に向けた主体的な取り組みの必要性

端的にいえば、経営者保証に関して、事業承継の際にはとりわけ慎重で丁寧な対応を求

めた内容といえます。なかでもポイントは、原則として「二重徴求」を禁止したことでしょう。

ここで指摘されている二重徴求とは、新旧の経営者に重複して経営者保証を求めるケースのことです。事業承継時の保証徴求の推移を示した中小企業庁の資料によると、2017年度には全体の4割近いケースで二重徴求が行われていました。ちなみに、同年度の経営者保証が行われていないケースは1割しかありません。

なぜ、そうした二重徴求が起こるのでしょうか。一般的にはなかなか理解しづらいかもしれませんが、代替わりの後も前経営者が引き続き実質的な経営権を維持しているような特殊なケースに配慮したものと思われます。

しかし、この特則によって、事業承継の際に一時的に重複するような例外的なケースを除いて、原則として二重徴求は禁止されることになりました。中小企業庁の同資料によると、特則が公表された翌年上期の二重徴求は約5パーセントにまで減っています。明らかに、これは特則の効果でしょう。

適用が始まった2014年以降、ガイドラインに示された3要件を満たすケースでは経営者保証を解除する動きが見られるようになりました。その後、そうした流れをさらに加速させることを目的として策定されたのが、経営者保証改革プログラム（以下、改革プログラム）です。

２　金融庁が本気を出した？「経営者保証改革プログラム」

政府により改革プログラムが発表されたのは２０２２年12月のことでした。この発表が当時、関係者の間で小さな驚きとともに受け止められたのは、金融庁が経済産業省と財務省と連携し、３省庁による合同の取り組みとして発表されたからです。３省庁が足並みを揃えるという〝本気度〟が示しているように、改革プログラムは２０２３年度における肝煎りの政策でした。

実際、改革プログラムでは冒頭の部分で「経営者保証に依存しない融資慣行の確立を更に加速させる」と、策定の目的が力強く述べられています。そのうえで、

1　スタートアップ・創業
2　民間融資
3　信用保証付融資
4　中小企業のガバナンス

の4分野について、重点的に取り組む改革であるとしています。それぞれについて、紹介しましょう。

1　スタートアップ・創業

従来、行われてきたような経営者保証を求める慣行が起業家たちの創業意欲を削いでいる可能性を指摘したうえで、改革プログラムでは創業時の資金調達であっても経営者保証が不要な融資を促進すると述べられています。

当然ながら、創業時には事業の継続性や収益力についての見通しが立ちにくいため、金融機関にとっては高いリスクをともなう融資となります。それだけに、かなり思い切った方針といえるでしょう。

主な施策として示されているのは、次の4つです。

①新しい信用保証制度の創設（創業後5年以内の経営者が対象／保証割合100パーセント／保証上限額3500万円／無担保）
②日本政策金融公庫などの融資制度の要件緩和
③商工中金の融資における経営者保証の原則廃止
④民間金融機関に対する要請

2　民間融資

銀行や信用金庫など、民間の金融機関の融資については、経営者保証を求める際の手続きを厳格化するとともに、監督指針を強化することが述べられています。

金融機関に対して、より厳しい手続きを課すことで、経営者保証に依存した安易な融資を抑えるというのが、そのねらいです。また、監督指針を強化することにより、経営者の方々の納得感を高めるという目的が示されています。

さらに、それまで一定の役割を担ってきたガイドラインをいっそう浸透させるため、経営者保証に依存しない新しい融資慣行の確立に向けた意識改革をうながすとの方針が明らかにされました。改革プログラムのなかでも、民間融資に関する項目ではとりわけ厳しい表現が目につきます。それだけに、経営者保証の取扱いについては、金融機関側もいっそう慎重な姿勢を強めているようです。

ここでは手続きの厳格化や意識改革についての具体的な施策もいくつか掲げられていますが、経営者の方々に注目していただきたいのは、経営者保証に依存しない新しい融資手法として「事業成長担保権（仮）」という構想が掲げられていることです。早期実現に向けて議論を進めていくとして、まだその具体的な内容は示されていないものの、事業そのものを担保とした融資のしくみであることが明らかにされています。後述する「事業性評価融資」に通じる新しい融資のあり方といえるでしょう。

3　信用保証付融資

ガイドラインによって示された3要件を満たしている場合、経営者保証を必要としない融資やその解除をめざすという取り組みを徹底するとしたうえで、仮に3要件をすべて満たしていないケースでも、保証料の上乗せなどによって経営者保証の解除を選択できる制度を創設すると述べられています。ただし、３要件を満たしていない場合には、会社から経営者に対する貸付金がないことや金融機関に対して決算書類を定期的に開示することなど、経営者の取り組みしだいで実現可能な要件を満たす必要があります。

ここでも、主な施策として、売掛債権や棚卸資産などの流動資産を担保とする信用保証付融資については経営者保証を廃止するなど、いくつかの取り組みが具体的に示されています。また、信用保証付融資には原則として経営者保証が必要であるかのような誤解が散見される風潮を懸念して、正しい情報を浸透させる広報活動の必要性にふれられていることも注目すべき点といえます。

4　中小企業のガバナンス

ご承知のように、ガバナンスとは社内の管理体制や運営のしくみを意味します。それらがしっかりと機能することは経営者保証の解除を実現するための前提となるため、経営者と支援機関との〝目線合わせを図る〟と述べられています。要は、コンサルタントをはじめとする外部の専門家たちの支援も得ながら、経営者に対して、ガバナンスに関する適切な認識を求めるということでしょう。

また、支援機関に対しても、実務指針を策定するほか、中小企業活性化協議会の機能を強化することで、官民による支援体制を整えることが示されています。

ちなみに、中小企業活性化協議会とは法律にもとづいて全国の都道府県に設置されている公的機関です。事業の運営は各地の商工会議所などが受託しており、公認会計士や弁護士、中小企業診断士といった専門家たちによって構成されています。中小企業版「地域の総合病院」として、資金繰りや事業再生、事業承継など、経営全般に関する相談窓口として機能しています。

以上が改革プログラムの概要です。

お気づきのとおり、改革プログラムでは基本的にガイドラインで示された内容をふまえながら、より強力な具体策を策定することによって、まさに「経営者保証に依存しない融資慣行の確立を更に加速させる」という姿勢が示されています。

では、改革プログラムが実施されて以降、融資の状況や金融機関の姿勢はどのように変わってきたのでしょうか。それに対して、経営者の方々はどのように対応すべきなのでしょうか。

3　いま融資はどう変わりつつあるのか

ガイドラインの適用が始まり、さらに改革プログラムが策定されてから、融資のあり方や金融機関の姿勢にはさまざまな変化があらわれています。経営者の方々に経営者保証を求める際の金融機関の対応は、その顕著な例でしょう。

たとえば、かつては経営者保証を締結することが融資の前提条件になると思い込んでいる経営者も少なくありませんでした。おそらく、経営者保証の必要性などについて、金融機関から適切な説明が行われなかったからでしょう。

しかし、改革プログラムが策定されたことにより、金融機関には融資に関して詳細な説明を行うことが徹底されるようになっています。したがって、融資を受けた後で、じつは必ずしも経営者保証が必要ではなかったかもしれない、と気づくようなケースはほとんどなくなりました。金融庁でも、そうした説明がしっかり行われているかどうかを監督するため、金融機関に対して説明件数の報告を求めています。

メインバンクの方針を確認する

一方、そうした変化に適切に対応するためにも、経営者の方々はメインバンクの方針をあらためて確認しておくべきでしょう。

改革プログラムにより、金融機関は経営者保証に対する基本的な考え方や取り組み方針を公表することになっています。ある地方銀行のホームページでは、原則として経営者保証を求めないとしたうえで、経営者保証が必要なケースとして「経営者に対する多額の借金がある」「経常赤字が連続している」「直近の決算が債務超過」といった具体的な条件を示しています。また、新規プロパー融資については経営者保証を廃止するという方針を打ち出した金融機関もあります。プロパー融資とは、信用保証協会などの第三者機関を介さず、金融機関から直接、行われる融資のことです。

経営者の方々は、まずメインバンクのホームページでそれらを確認し、担当者を通じて経営者保証を解除するための要件などを問い合わせるとよいでしょう。問い合わせに対して、メインバンク側は経営者保証に対する基本的な姿勢を説明したうえで、解除に向けた具体的な要件を示してくれるはずです。

事業承継特別保証制度とは

また、経営者保証に依存しない融資慣行を志向する流れのなかで、新たに創設された信用保証制度も、その確立に向けて貢献しつつあります。その一例が、２０２０年4月から開始された「事業承継特別保証制度」です。

この制度は3年以内の事業承継を予定している会社を対象として創設されたもので、一定の要件を満たせば、新旧双方の経営者保証を不要とする融資が可能になります。保証限度額は2億8000万円です。

さらに、各都道府県に置かれた経営者保証コーディネーターによってガイドラインが示す要件を満たしていると確認された場合には、保証料率が大幅に引き下げられます。経営者の方々にとっては使い勝手のよい制度といえるでしょう。

一方、金融機関に対する配慮もなされており、原則として禁止されてきたプロパー融資の信用保証への借換えを例外的に認めています。これにより、経営者保証の解除にともなう金融機関のリスクを分担することになるため、金融機関にとっても利用しやすい制度となっているのです。

制度を利用するための要件とされているのは、次の4つです。

①資産超過であること
②返済緩和中ではないこと
③EBITDAが15倍以内であること
④法人と経営者の分離がなされていること

このうち、③について少し補足します。

前述したように、ＥＢＩＴＤＡとは有利子負債倍率と呼ばれる財務分析上の指標で、端的にいえば、その会社の返済能力をあらわすものと考えてよいでしょう。次の計算式によって求められます。

（借入金＋社債－現預金）÷（営業利益＋減価償却費）

借入金と社債から現預金を差し引いた「実質的な借金」を営業利益に減価償却費を加えた「返済原資」により、何年で返済することができるのかをあらわすことになります。

たとえば、次のようなケースを考えてみましょう。

- 借入金５０００万円
- 現預金１４００万円
- 営業利益３００万円
- 減価償却費１００万円

この会社の場合、

（5000万円－1400万円）÷（300万円＋100万円）＝9倍

となり、9年での返済が可能とみなされます。なお、かつては10倍以内という要件でしたが、2022年8月に緩和され、現在では15倍以内が要件になっています。

着実に広がる新たな融資慣行

これまで紹介してきたとおり、ガイドラインの適用は経営者保証の解除に向けた流れを生む歴史的な転換点となりました。その後、事業承継特別保証制度をはじめとする新たな信用保証制度も創設され、さらには改革プログラムが実行されたことで中小企業の資金調達のあり方は確実に変わってきたといえるでしょう。

実際、中小企業庁の調査によると、2022年度上期に行われた新規融資のうち、日本政策金融公庫などの政府系金融機関では、およそ5割が経営者保証に依存しない融資となっています。また、民間の金融機関でも新規に行われた融資の3割は経営者保証に依存しない融資でした。ガイドラインの適用が始まった2014年度には、それぞれ1割から2

割だったことを考えれば、いまや経営者保証に依存しない新しい融資慣行が促進されつつあるといえるのではないでしょうか。

次章では、経営者保証に依存しない「事業性評価融資」を解説し、それを活用することで実際に経営者保証の解除に成功した事例を紹介します。

column

銀行員はココを見ている！③

知人や関係者からどう評価されているのか

融資先はもちろん、行政をはじめとする公的機関や各種団体、学術機関、民間企業など、銀行は幅広い分野との交流をもっているため、さまざまな情報が入ってきます。とりわけ地方都市の支店長には情報が集まりやすく、多くの人と接するなかで、多くの情報がもたらされます。

そうして集まる情報のなかには、単なる噂話と聞き捨てるわけにはいかないものも紛れ込んでおり、真偽を確認しなければならないケースもあります。かつて私が銀行員だったころには、そうした噂話を耳にした場合は直接、経営者に連絡して、真偽を確認するよう心がけていました。

じつは、日常的な活動のなかで自然と耳に入ってくる噂話も、銀行員にとっては大切な情報のひとつです。

たとえば、X社の会長が町内のゴルフコンペで優勝したらしいとか、Y社が駅前のビルを買いたがっている、といった情報が、それらの会社とのコミュニケーションにおいて役立つ可能性はあります。一方で、Z社長が愛車をすべて手放したようだ、自宅が売りに出ている、といった噂が聞こえてきたら、経営の危険信号を察知したと考えることがあります。

いずれにせよ、お金という目に見えない価値を扱う銀行がさまざまな人を通じて情報を入手しやすい立場にいることは覚えておいてよいでしょう。

第4章

「事業性評価融資」で経営者保証を解除する

1 「事業性評価融資」とは何か

ガイドラインと改革プログラムにより、経営者保証に依存していた従来の融資のあり方は大きく変わってきました。とりわけ、コロナ禍以降は新しい融資慣行が確立されつつあるなかで、中小企業に対する金融機関の継続的な支援体制がいっそう求められるようになってきています。

そうした変化は、経営者の方々にも新たな取り組みや認識の変更を求めることになります。本章では、新しい融資慣行の主要な手段となっている「事業性評価融資」について紹介し、その活用のしかたを事例とともに解説します。

ガイドラインとの表裏一体の関係性

経営者保証に依存した従来の融資慣行の弊害については、すでに述べたとおりです。近年は、とくにスムーズな事業承継のさまたげとなっている実態が喫緊の課題と認識されてきました。

ただし、その反面で、経営者保証が信用力の弱い中小企業の円滑な資金調達に貢献してきたことも事実です。したがって、新しい融資慣行においては、従来の経営者保証に代わって中小企業の信用力を補うしくみが求められることになります。その手段となり得るのが「事業性評価融資」です。保証や担保だけを重視するのではなく、そこに事業の成長性に対する評価を加味することで中小企業の信用力を補い、スムーズな資金調達を可能にすることが期待されているのです。

じつは、事業性評価融資という手法はガイドラインと表裏一体の関係にあります。というのも、２０１３年６月に閣議決定された「日本再興戦略」のなかで、日本産業再興プランとして示された具体策のひとつに「地域金融機関等による事業性を評価する融資の促進等」が盛り込まれていたからです。ガイドラインの策定は同年12月であり、ほぼ同時期といえます。事業性評価融資は、そもそも経営者保証に代わって中小企業の信用力を補完する手段として想定されていたわけです。

では、実際に経営者の方々が事業性評価融資を活用するためには、どのような手順が必要なのでしょうか。まず、経営者の方々に認識しておいていただきたいのは、事業性評価融資を活用する場合には、これまで以上に金融機関との継続的な信頼関係が求められるということです。

あえて誤解を恐れずにいえば、事業性評価融資とは、その会社の将来性を担保として融資を受けるしくみと考えることができます。つまり、これまでは不動産や現預金を担保として提供したり、経営者が連帯保証を行ったりして融資を受けていたわけですが、後者から脱却する方向へ社会全体が舵を切ったことにより、それに代わる価値をもつものとして会社の「成長」を担保とすることになったのです。

当然ながら、融資を受ける中小企業は、現時点では存在しない将来の価値に現実味をもたせる必要があります。いかにして成長を実現するのか、達成に至るまでの道のりを具体的に示し、その実現性が高いことをロジカルに表現して、金融機関の納得を得る必要があります。

一方、金融機関はその会社の将来性に価値を認めて融資に応じる以上、成長をめざして懸命に走り続ける中小企業を継続的に支援しなければなりません。そうして融資先に寄り添うようにして継続的に行われる支援を「伴走支援」と呼んでいます。

ただし、このとき中小企業から必要な情報が適切に提供されなければ、金融機関の伴走支援は不可能です。中小企業は、事業の目的や資金計画、収益見込み、将来展望などの情報を金融機関に提供して、共有する必要があります。そのためのツールとして役立つのが「事業計画書」です。

まずは、事業計画書の内容やつくり方について説明しましょう。

ＳＷＯＴ分析で自社の強みを把握する

端的にいえば、事業計画書とは事業の内容と戦略を内外に説明するための資料です。いわば、経営者の方々の頭のなかにあるアイデアを言語化したものと考えてよいでしょう。構想段階にある事業の全体像を明らかにして、それを実現するための具体的な道筋を示すことで、金融機関から支援を引き出すことが目的です。

あくまで自主的に作成する資料であるため、特定のフォーマットが指定されているわけではありません。ただし、インターネットで検索すれば、事業計画書や創業計画書、経営改善計画書など、同様の趣旨で作成された文書の例が見つかるはずです。そうした文書を参考にして作成するとよいでしょう。

記載内容についても、とくに規定はありませんが、記載すべき事項はおおむね次のようなものです。

①現状認識
②業績の推移と計画
③借入金の期末残高推移
④新規借入れの目的・効果
⑤具体的なアクションプラン

それぞれについて解説します。

①現状認識

最もポピュラーな経営分析手法のひとつであるＳＷＯＴ分析などにより、自社の事業を客観的に評価します。ＳＷＯＴ分析とは、自社の内部環境である強み（Strength）と弱み（Weakness）、自社を取り巻く外部環境としての機会（Opportunity）と脅威（Threat）という4つの観点から事業を分析し、伸ばすべき点や改善すべき点を把握するためのフレームワークです。

自社の成長可能性を客観的な視点から評価するプロセスは、事業計画書を作成する作業の起点となる重要なものです。しかしながら、一般的に、自社の強みや弱みを正しく把握している経営者は意外なほど少ないものです。外部のコンサルタントなどを活用し、より客観的な分析を行うのも効果的でしょう。

②業績の推移と計画

売上高や売上原価、販売管理費、営業利益など、主要な決算項目について前期実績と今期見込みを示し、さらに新たに計画している事業の開始後、３年間程度の見込みを具体的に示します。

③借入金の期末残高推移

既存の借入金について、具体的な調達先とともに前期実績と今期見込み、計画開始後3年間程度の見込みを示します。

④新規借入れの目的・効果

融資を必要とする理由や資金の使途などを明らかにします。なるべく具体的に説明し、資金調達の効果がはっきりと伝わるように心がけましょう。

⑤具体的なアクションプラン

定量的な目標とその実現に向けた行動計画を示します。計画の年度ごとに取り組む内容や行動、体制などを記します。金融機関は、このアクションプランに沿って伴走支援を行うことになります。

以上が、事業計画書の基本的な構成です。

事業計画はストーリーで伝える

事業計画書を作成する際のポイントが３つあります。

ひとつは、売上や利益率など、具体的な数値目標を掲げることによって、事業計画を定量的に示すことです。たとえば、「全従業員が力を合わせてシェアの拡大に努める」「なるべく早くコスト削減を実現する」といった定性的な目標は抽象的であり、説得力に欠けます。計画に対する信頼性を高めるには「２年めに経費率５％削減を実現する」「３年めに売上３０００万円を達成して黒字に転換する」など、数値を示して定量的に表現するとよいでしょう。

２つめは、トータルな構成に配慮して、ストーリー展開を感じさせる内容を心がけることです。ストーリーとして展開する事業計画書は、その会社の成長物語といえます。計画の説得力が増し、それを評価する金融機関側の共感を呼びやすくなります。

私は銀行員時代に１万社以上を支援し、コンサルタントとして独立してからも数百社の経営を間近に見てきました。その過程では、数えきれないほど多くの事業計画書に目を通してきましたが、その会社の優位性や成長性をうまく表現しきれていない残念な事業計画書も少なくありませんでした。

そうした事業計画書は、たいてい構成や展開への配慮がなされておらず、盛り込むべき要素を箇条書きのように連ねただけの味気ないものがほとんどでした。融資を受けることにより何を強みとして成長しようとしているのか、その道のりを具体的に思い描くことが難しかったのです。

しかし、次のような因果関係が展開されていれば、要素が孤立せず、事業計画にストーリーが生まれます。

①外部環境から課題（ニーズ）を発見する
②自社を分析して特徴（強み）を見出す
③融資を受けて優位性を強化する
④強みを活かして課題を解決する
⑤お客様の支持を拡大して成長する

要は、資料を受け取った方の立場で考えて、いかに最後までスムーズに読み進めてもらうかという配慮が大切なのです。市場のニーズと自社の強み、めざすべき将来像の関係性に留意しながら、事業計画書全体の構成に配慮してください。

そして、３つめは金融機関から提出を求められる前に、あくまで自主的に提出することです。求めに応じてしかたなく提出したという印象を与えるより、事業に対する意欲的な姿勢を伝えるべきでしょう。

資料作成による副次的な効用

そのほか、経営理念や事業内容、市場動向など、ビジネスモデルのポイントをコンパクトにまとめた「事業性評価シート」や財務情報をあらわす「ローカルベンチマーク」などの資料を作成するケースもあります。

事業性評価シートには、経営理念や事業内容、市場動向などを記載します。また、ビジネスモデルを可視化した「ビジネス俯瞰図」を取り入れると、ビジネスモデルに対する理解が深まります。自社と仕入れ先や業務提携先、販売先などを図式化することにより、ビジネスの全体像を把握することができます。

また、〝ロカベン〟の略称でも知られるローカルベンチマークは、企業の「健康診断」

のためのツールとしてよく利用されています。売上高増加率や営業利益率、労働生産性など、6つの指標による分析結果が示された「財務情報」と、経営者や事業、企業を取り巻く環境など、4つの着目点にもとづくヒアリングシートが示された「非財務情報」から成り立っており、事業性評価のためのツールとして活用する金融機関が少なくないため、事業計画書などとともに提出すれば効果的でしょう。

いずれも、事業計画書と同様、体裁や仕様に規定はありません。既存の資料などを参考にしながら作成するとよいと思われます。

ちなみに、こうした資料の作成には、当然ながら、それなりの手間と時間が必要です。日常業務だけでも多忙ななか、経営者の方々には大きな負担となるはずですが、負担に見合うだけの効用も期待できるのではないでしょうか。

第一に、自社のビジネスを見つめ直す格好の機会となるからです。あらためて客観的に自社を分析することで、自社の実力を的確に把握することができます。そのうえで、成長に向けた事業戦略の再構築に取り組むことができるのであれば、決して惜しくはない労力といえるはずです。

そして第二には、資料によって導き出された自社の姿を従業員たちと共有することによって、会社としてめざすべき方向性を明確に打ち出すことができるからです。課題を認識して、それを克服するための具体的な行動を定量的な数値目標とともに共有すれば、日常業務や改善活動の意義を理解することにもつながるでしょう。おそらく、コスト意識も高まるはずです。そうした効果が認められるとすれば、経営者保証に依存しない融資を実現するための取り組みは、新たな成長をめざす出発点ともなり得るのです。

事業計画書をはじめとする資料をしっかりと作成して、金融機関にビジネスモデルを正しく認識してもらえれば、事業性評価融資が実現する可能性は高まります。実際、事業性が評価されて経営者保証に依存しない融資の実行に至った会社は少なくありません。いくつか、そうした事例を紹介しましょう。

事例❶　事業性評価融資で事業承継問題を克服

医療用品製造業のF社は、市場規模こそ大きくはないものの、確実なニーズが見込まれる専門性の高い医療用品を製造していました。あるとき、F社で経営者保証の解除が課題として浮上したのは、唯一の後継者候補だった営業部長が経営者保証を理由として事業承継を辞退する意思を示したからです。第2章で紹介した事例にもありましたが、F社も経営者保証がスムーズな事業承継をさまたげてしまったケースといえます。

F社長は、かつて大手医療機器メーカーに勤務していましたが、30代前半で独立し、F社を創業しました。このころには約20名の従業員を抱え、15億円を売り上げるまでに成長していました。堅実な経営を心がけてきたことで、事業はおおむね順調に伸びてきたのですが、数年前、F社長は後継を期待していた長男に先立たれるという不幸に襲われてしまいます。その後、あらためて後継者候補となったのが甥にあたる営業部長でした。

思いがけないめぐり合わせに、事業承継を打診された当初は戸惑ったそうですが、自分のほかにはF社長の血縁者がいなかったため、営業部長はいったん前向きに事業承継を検討しました。しかし、それまではほとんど関心がなかった経営者保証のしくみを知るにつれて、その責任の重大さに気づいたそうです。しばらく悩んだ末、親族のひとりとして会社の発展に力を尽くしたいとは思ったものの、やはりどうしても経営者保証を受け入れることはできませんでした。営業部長は、もし経営者保証が必要なのであれば、事業承継を辞退したいとF社長に申し出ました。

甥が導き出した結論に対して、F社長はそれ以上、翻意を働きかけることができませんでした。甥とはいえ、自分の息子ではない営業部長に対して無理強いはできないという遠慮があったのです。自力では事態を打開できないと考えたF社長は、社外に知恵を求めることを決断し、地元の商工会議所に相談をもちかけました。その後、商工会議所から依頼を受けた専門家たちがチームを組み、F社の事業承継問題を担当することになりました。そのチームで財務を担当したのが私でした。

金融機関に好感された賃貸物件の本社

F社長や営業部長との面談を行い、F社の財務状況などを精査した結果、専門家チームでは事業性評価融資を利用すれば、経営者保証が解除される可能性が高いという判断で一致しました。理由は３つあります。

ひとつは、ガイドライン以降、とくに事業承継をまたげている経営者保証は解除すべきであるという風潮が強まっていたからです。そうした社会環境の後押しは強力な味方になると期待されました。

2つめは、比較的、財務状況がよかったからです。それなりの現預金を保有していたことから、F社のEBITDAは10倍以内におさまっていました。また、事業の拡大が見込まれるような成長性にはとぼしかった反面、手堅いニーズに支えられて売上が安定しており、またニッチ市場のために参入障壁も高かったことから、堅実な返済計画が立てやすかったことも有利な条件といえました。

そして、3つめは専門性の高いノウハウをもっていたことです。競合する企業は国内に数社しかなく、F社の技術力は取引先から高く評価されていました。加えて、創業以来、F社長がつちかってきた取引先との信頼関係もF社の重要な資産として評価できるものと考えられました。

そうした顧客とのネットワークや専門性の高いノウハウ、ブランド力など、財務諸表にはあらわれない無形の資産を「知的資産」といいます。F社の場合、そうした知的資産が事業性を評価する際の重要なポイントになるという手応えが感じられたことから、専門家チームでは事業性評価融資の申請に際して「知的資産経営報告書」を作成し、金融機関に提出することにしました。

事業計画書についても専門家チームが中心となって作成し、金融機関との交渉にあたってはさまざまなアドバイスを行いました。そうしておよそ半年間をかけて交渉を重ねたところ、無事に経営者保証の解除が実現しました。

この結果を受けて、F社長は営業部長に対して、あらためて事業承継を打診しました。後継者が承継しやすい環境を整えてくれた伯父の配慮に感謝しつつ、営業部長はその場で事業承継を承諾したといいます。F社長の念願がかない、その翌年には営業部長が2代目の社長に就任しました。

この交渉においては、金融機関がF社の堅実な社風を好感していたことも成功の要因に数えられるかもしれません。

じつは、F社は創業から30年近くを経ていましたが、一貫して賃貸物件に本社を構えてきました。もちろん、オフィスが手狭になるたびに移転はしたものの、可能なかぎり身軽な経営を維持することに努めてきたそうです。

そうした身の丈に合った抑制的な経営は、F社長の実直な人柄に加えて、医療にかかわる社会的な責任を強く自覚してきた社風につながるものでした。金融機関は、必ずしも目に見える資産だけで融資先を評価しているわけではありません。

事例❷ ユニークなビジネスモデルで融資を受ける

次に紹介するG社は、法人化してはいるものの、まだ従業員がおらず、G社長がひとりで切り盛りしている創業から間もない会社でした。事業内容はきわめてユニークで、広告収入を得ることにより、一定の条件のもとで、幅広い顧客に対して衣料品の無償提供を可能にするというものです。貧困家庭の救済を見据えた社会性の高いビジネスモデルでもあり、G社長は近い将来の海外展開も視野に入れていました。

事業を本格化させるための運転資金を必要としていたG社長は、政府系金融機関に相談しました。やがて、中小企業の支援活動を行っていた私が財務面でのサポートを行うことになったのですが、実際にG社長と面談すると、さまざまな経緯を経て私がサポートを担当することになった理由が薄々、感じられました。失礼ながら、財務に関するG社長の知識は決して十分とはいえなかったからです。

たとえば、そのころのG社長は経営者保証が融資の前提になると思い込んでいました。しかし、政府系金融機関の窓口でガイドラインの適用が始まっていることを知り、自身の知識不足に気づいたそうです。そこで専門家の支援を求めたところ、メガバンク出身の中小企業診断士に声がかかったというわけです。たしかに、G社長が真っ先に求めるべき人材は経理担当のスタッフだったでしょう。

もっとも、いうまでもありませんが、財務に関して不安を感じているのはG社長だけではないはずです。むしろ、経理や財務に対する苦手意識を抱えている経営者の方々は少なくないのではないでしょうか。

とりわけ、創業者のなかには新しいビジネスを構想する能力にすぐれている反面、資金管理や金融機関との交渉についてはあまり関心がないという方も見受けられます。また、G社長にもあてはまることですが、そもそもこれから事業を拡大させようと意気込んでいる創業者にとって、将来の返済能力という問題の優先順位は決して高くないはずです。事業を軌道に乗せるための戦略や製品開発、顧客開拓、人材確保など、まずは成長を実現するために取り組まなければならないことが山ほどあるなかで、万が一、返済が滞ってしまった場合を想定して対策を講じている創業者は稀でしょう。したがって、人的な資源が不足しがちなスタートアップ時にはなおさら、外部の専門家を活用するのが賢明な判断ではないかと思われます。

ひと味違った着眼点が評価される

G社長からユニークなビジネスモデルの説明を受けた私は、直感的に事業性評価融資にふさわしい案件だと感じました。ほかにはない独自性の高いビジネスモデルであったことに加えて、社会貢献という側面から見ても、人々の共感を得やすい事業内容であると思われたからです。その後、事業計画書の作成をサポートし、金融機関との交渉についてもいくつかアドバイスを行ったところ、G社長は経営者保証を求められることなく、融資を受けることができました。

　ビジネスモデルがユニークであるというだけで評価を得るわけではありませんが、既存のビジネスとはひと味違った着眼点や工夫が感じられる事業には、金融機関も関心を寄せるケースが少なくありません。少なくとも、ビジネスの特徴を通じて、その事業の社会的な意義や価値を明確に示すことが大切です。

　さらに、その事業に取り組む経営者の志や熱意が事業計画書をより魅力的なものに仕立てることもあります。G社長のケースは、まさに経営者と事業計画の魅力が事業性評価融資につながった好例といえるでしょう。

事例❸　追加資料で有利な条件を引き出す

　美容院を運営していたH社のケースも、独自性の高いビジネスモデルが評価されて経営者保証なしの融資が実現した事例です。ただし、その融資が行われたのはガイドラインの適用が始まる前のことでした。つまり、昨今のように経営者保証の解除に向けた潮流が見られなかったころの融資なのです。それだけに、ビジネスモデルそのものが掛け値なしに評価されためずらしいケースといえます。

当時、副支店長だった私のもとに回ってきた稟議書には、融資の主な目的としてH社が計画しているチェーン展開のための資金であることが記載されていました。単に2号店の出店を計画しているだけなら印象に残らなかったかもしれませんが、いまでも記憶に鮮やかなのは、ヘアカットのみに特化した美容院の出店計画だったからです。ヘアカットに要する標準的な時間は約15分間で、料金は1200円と設定されていました。いわゆる「1000円カット」の美容院版と考えてよいでしょう。

トレンドに逆行するビジネスモデル

当時、まだそうしたコンセプトをもつ美容院は全国的にもほとんど存在していませんでした。美容院といえば、女性を中心とした顧客がヘアカットだけでなく、カラーリングやスキンケアなど、ヘアメイクにかかわる幅広いサービスの提供を受ける空間という認識が強く、一部の美容師が〝カリスマ〟としてもてはやされていた時代です。トレンドに逆行するようなビジネスモデルであるうえ、さらにチェーン展開を計画しているというので、強く印象に残りました。

とはいえ、そうしたニーズが本当に潜在しているのか、私は当初、やや懐疑的な目を向けました。しかし、稟議書にはすでに実験的なサービスを提供していた店舗での好調な業績が報告されており、小さなお子さんを抱えた顧客やスタッフとのコミュニケーションを求めていない顧客にとって、一般的な美容院よりも利用しやすい店舗であったことがわかりました。私は、H社の新しい計画に成長の可能性を感じました。

融資課長も同じ見解だったようで、H社に対する融資は正式に決裁されることになりました。しかし、そのとき私は担当者にもう一段の工夫を求めました。稟議書をさらに充実させ、H社が財務面でもきわめて健全な経営を続けてきたことを訴求すれば、優遇金利の適用など、H社にとってさらに有利な条件で融資を行うことができるのではないかと考えたからです。

その後、担当者があらためてH社長と打ち合わせを重ね、事業計画書や資金繰り表を提出資料に追加することになりました。これによりH社の返済能力に対する信頼度が高まり、期待したとおりの優遇金利が適用されることになりました。

前述したG社と同様、H社もビジネスモデルの独自性が評価されて経営者保証を求められなかったケースです。さらに、事業性を補強する資料を提出することによって、いっそう有利な条件を獲得することができました。経営者の方々は、そうした可能性があることは認識しておいてもよいでしょう。もちろん、個別の条件により事情は異なるものの、成長性を感じさせる会社に対しては金融機関側も支援を惜しまないものです。

事例❹ 成長産業で採用された独自技術

次に紹介する事例は、独自に開発した技術力とノウハウから事業性が評価されたため、融資に際して経営者保証を求められなかったケースです。その技術とは、いわゆるコンビニおにぎり用の海苔を加工する技術でした。

食品加工業のI社は、私がまだ融資担当の次長だったころに担当した取引先でした。当時、2代目のI社長は40代で、売上は数億円という規模だったと記憶しています。先代のころから国産海苔の加工事業を主力としており、古くからの取引先とは安定した信頼関係を築いていました。

しかし、人々のライフスタイルの変化にともなって、国産海苔の需要は年々、縮小する傾向にありました。さらに、当時は韓国海苔が人気を集めていたため、率直なところ、決して将来性の高い市場とはいえませんでした。

そうした環境のなかで事業の将来に危機感を抱いていたI社長は、あくまで国産海苔を自社の主力製品と位置づけて、その品質をさらに向上させることで苦境を打開しようと決意していました。そうして開発に取り組んだのが、一般的な板海苔よりも厚く、製品に含まれる水分量をコントロールすることで独特の歯触りを長時間、維持することに成功した新製品でした。新製品がコンビニおにぎりに採用されれば、売上が大幅に増加することは間違いありません。そう見込んだI社長は生産体制の拡充を計画し、製造装置の導入に必要な資金の融資を希望していました。

結果として、I社長が希望したとおりの融資が実現したのは、新たに開発した加工技術が高く評価されたからでした。当時の国産海苔は、将来にわたって需要の拡大が見込めるような市場とは思われなかっただけに、市場性や将来性といった点では決して望ましい条件ではなかったはずです。しかし、I社のすぐれた加工技術には、新たな需要を開拓するだけの実力があると判断されたのです。実際、私も工場を見学した際に新製品を試食してみたのですが、従来の海苔とは明らかに食感が異なり、その加工技術が確立した優位性を実感しました。

また、I社がコンビニおにぎりへの参入を実現したことも、同社の成長性を予感させました。そのころはコンビニ各社が勢いよく全国に出店を競っていた時代で、コンビニは最も有望な成長産業のひとつだったのです。

その後もI社の製品はコンビニおにぎりで高いシェアを獲得しており、事業規模も拡大しました。

それぞれの強みを訴求する

以上、４社の事例でも明らかなように、独自性の高いビジネスモデルや他社との差別化につながる技術・ノウハウを確立することができれば、その事業性が評価されて経営者保証に依存しない融資を得る可能性があります。

とはいえ、なかには自社にそうした特殊性を認めにくいと感じている経営者の方々もいるかもしれません。長く事業を続けていると、日常的な仕事が当然のことのように感じられて、その特徴や強みに気づきにくいものです。また、実際に明確な独自性を備えた会社は決して多くはないでしょう。

しかし、必ずしも唯一無二の高レベルな特徴だけが求められるわけではありません。どんなに小さな会社にも、それぞれの会社がつちかってきた強みがあるはずです。事業を継続してきたということは、その会社の強みを評価して仕事を発注し、その恩恵を享受してきた顧客がいたからなのです。そうした強みに気づいて、それを訴求することにより、金融機関から継続的な支援を引き出すことができます。

本章の最後に、経営者の情熱と商品に対する強い思いが事業性の魅力につながったＪ社のケースを紹介します。金融機関が評価するのは、必ずしもビジネスモデルのユニークさや技術の独自性ばかりではないことをよく示しています。J社長が情熱を傾けていたのは豆腐でした。

事例❺ ストーリー性が事業の強みを増幅させる

かつて、駅前の商店街で豆腐店を経営していたJ社は、典型的な家族経営の個人商店でした。その3代目にあたるJ社長は幼いころ、どこへ行っても「豆腐屋の息子」として扱われることが苦痛で、大学への進学をよい機会ととらえて地元を離れ、卒業後は一般企業に就職するつもりでした。家業を継ぐ気はなく、豆腐にさえかかわりがなければ、どのような職業でもかまわないと考えていたといいます。

ところが、あるとき友人に連れられて訪れた和食店で味わった豆腐に衝撃を受け、考えを一変させました。幼いころから親しんできた家業の豆腐とは、まるで異なる味わいだったからです。それ以来、自分も人々を感動させる豆腐をつくりたいと思うようになったJ社長は、大学卒業後、地元に戻って家業を継ぐことにしました。

しかし、そう簡単に理想の豆腐を生み出せるはずもなく、J社長は数年がかりで評判の高い豆腐店を軒並み食べ歩き、同時に大豆や製法の研究も行ったそうです。また、全国の生産者のなかから良質な大豆を生産している農家を探し出して直接、買い付けるなど、原材料の確保にも奔走しました。そうして、ほぼ10年という年月を費やしてJ社長は理想の豆腐づくりに成功しました。

商品力を補強する魅力とは

その後のJ社長は販路の拡大にも力を入れ、主に百貨店の催事コーナーでの販売を続けました。すると、SNSでの評判がきっかけとなって人気に火がつき、若い女性客を中心に支持が広がっていきました。

もちろん、主な人気の理由はJ社長がいっさいの妥協を排除してつくりあげた理想の豆腐の味わいにあります。しかしながら、支持が一気に広がったのはJ社長がSNSを通じて発信していた情報が、多くの人々から共感を得たからでもありました。理想の豆腐を完成させるまでの奮闘ぶりや情熱的な情報発信が物語性につながり、商品の魅力を増幅させたのです。

J社の商品の人気は一過性のブームで終わることなく、売上は順調に伸びました。やがて、豆腐料理店の出店を計画したJ社長は金融機関からの融資を希望し、その具体的な手続きや交渉などに関する相談が私のもとに寄せられました。

私は、J社の強力な商品力をしっかりと金融機関に伝えることができれば、その事業性が評価されるに違いないという手応えを感じていました。J社長もその点には自信があったようで、間もなく事業性評価融資を申請したところ、希望どおりの融資を受けることができました。金融機関は、J社の商品力もさることながら、その商品が生み出されるまでのストーリーが商品をさらに魅力的にするというJ社の強みを一種の資産として評価したことになります。

次章では、経営者保証に依存しない融資を得るための交渉術や金融機関との信頼関係を築くためのポイントを紹介します。

column

銀行員はココを見ている！④

約束ごとを守る経営者なのか

アポイントの時刻や書類の提出期限を守るのはビジネスパーソンとして当然ですが、残念ながら、世の中は約束ごとに厳格な人だけで構成されているわけではありません。そのことは、経営者にもあてはまります。銀行員は、経営者が約束ごとに厳格なのか、それともルーズなのかを注意深く観察しています。時間を守れない経営者は、返済に関してもルーズな場合が少なくないからです。

私も銀行員だったころ、面談の予定時刻になっても経営者が姿をあらわさず、困ったことがありました。予定時刻に遅れて姿をあらわすケースはまだよいほうで、なかには相手と連絡がつかず、会社に問い合わせても、従業員の誰も経営者の行動を把握していないということもありました。そういう経営者は取引先や従業員からも信頼を失うに違いなく、当然、銀行も慎重な姿勢にならざるを得ません。

いうまでもありませんが、銀行が融資を行うのは、融資先との間に信頼関係が成立しているからです。たとえ書類1枚の提出期限であっても、期日を守ることができなければ信用を損なう可能性があることは十分に認識しておくべきでしょう。家族や友人との関係においても同様ですが、銀行員も経営者も日々の小さな信用を積み重ねることでしか信頼関係を築くことはできないのです。

第5章

経営者保証を解除する社長の交渉術

1　信頼関係を築くために必要なこと

　これまで見てきたように、ガイドラインと改革プログラム以降、経営者保証を解除する方向へと向かう社会的な潮流のなかで、融資に関する金融機関の姿勢は大きく変わってきました。とりわけ、２０２２年末に金融庁が経済産業省とともに、財務省とも足並みを揃えて打ち出した改革プログラムのインパクトは大きく、経営者保証に依存しない新たな資金調達の手段として事業性評価融資がクローズアップされてきたことは、多くの経営者の方々にとって歓迎すべき朗報といえるのではないでしょうか。

　この流れは今後も加速するとみられており、おそらくこれからは事業性評価融資を利用する中小企業が主流となっていくでしょう。ただし、そのことは今後、大部分の中小企業に対して、経営者保証に依存しない融資の前提となる要件が求められるという意味でもあります。つまり、中小企業の経営にはいっそうの健全性や透明性が求められるということです。

あらためて、その要件を示しておきましょう。

１　法人と個人（経営者）との明確な区分・分離

貸付金や不動産など、資金と資産の両面において、法人と個人が一体とみなされないような規律が求められます。

２　財務基盤の強化

基本的には、資産超過の状態であること。そして、借入金を10年以内に返済できる収益力が求められます。

３　経営の透明性の確保

勘定科目内訳明細書を含む決算書のほか、試算表や資金繰り表などの資料も開示して、定期的に財務状況を報告することが求められます。

もっとも、以上の３要件をすべて満たすことが理想とされてはいるものの、仮にすべてが満たされていない場合でも、改革プログラムでは保証料の上乗せなどによって信用保証制度を利用できる新しい制度を創設し、経営者保証の解除に向けて力強い道筋をつけようとしています。中小企業の経営者の方々にとっては、まさに絶好の追い風が吹いている状況とみてよいでしょう。

とはいえ、既存の融資から経営者保証を解除するには、金融機関との交渉が必要になります。また、経営者保証に依存しない融資を申し込む際にも、やはり金融機関とのやりとりを経なければなりません。経営者の方々がそうした交渉を有利に進めるには、どのようなことを心がければよいのでしょうか。

本章では、金融機関との日常的な付き合い方や交渉に際して心がけるべきことなど、金融機関との交渉に際して最低限、知っておきたいポイントを紹介します。

希望を伝えることから始まる

まず、交渉の大前提として認識しておいていただきたいのは、金融機関からの提案を待っていては何も始まらないということです。原則として、金融機関から経営者保証の解除を提案してくることはありません。したがって、経営者の方々から担当者に要望を伝えることから、すべてが始まります。また、新規の融資についても、経営者保証に依存しない手段を利用したいという要望を明確に伝えたほうがよいでしょう。

「うちも事業性を評価する融資で検討してほしいのですが、可能性があるかどうか、教えてくれませんか。担保・保証なしで可能性があるのなら、整えるべき条件も教えてください。２週間くらいで返事をくれるとありがたい」

このように意思をはっきりと伝えたうえで、必ず期限を切って、金融機関の判断を求めてください。

交渉のポイント❶　支店長との面識を得ておく

いうまでもなく、交渉の席で初めて支店長と顔を合わせるより、事前に面識を得ておくほうが得策です。しかし、具体的にどのようにすれば支店長との縁を求めることができるのでしょうか。経営者の方々も関心が高いようで、かつて私がメガバンクで支店長を務めていたことを知ると、支店長との親睦を深めるには、どういう付き合い方をすればよいのかと、よく尋ねられます。

これは支店長にかぎりませんが、金融機関に対してあまりよい印象を与えないのは、困ったときにだけ支援を求めてくる方です。ふだんは金融機関との関係づくりに関心がないように見受けられるにもかかわらず、融資が必要になると突然、態度を変えて、支店長との面談を求めてくるような方もいます。こうした極端な姿勢を見せられると、金融機関としては、何やら自分たちが都合よく使われているような気がするものです。

そうした誤解を避けるためにも、経営者の方々には金融機関との間に定期的な接点を設けることを心がけていただきたいと思います。必要なときにだけ関係づくりを求めるのではなく、日常的なコミュニケーションに努めて、もし何か必要が生じたら、支店を訪ねることができるような信頼関係を築いておくことが望ましいと思われます。その格好の緒となるのが決算報告です。

中小企業が金融機関との信頼関係を築くうえで、決算報告ほど効果的で、納得性の高い大義名分はありません。決算を迎えるたびに「直接、支店長に報告したい」と面談を求めれば、金融機関側にその申し出を断る理由はなく、むしろ歓迎するはずです。一度きりではなく、定期的に面談の機会が設けられるのは、決算報告ならではの効用といえます。その席では、決算書のポイントを説明して年度の事業を総括し、新年度の展望についても率直に伝えるとよいでしょう。

基本的に、融資先から情報提供の申し出があった場合、金融機関はそれを拒むことはできません。もし、そのとき支店長が多忙でも、副支店長や融資課長など、しかるべき立場の役職者が対応することになります。中小企業から金融機関に対して積極的に情報を開示する一方、そうした融資先からの情報提供に対して、金融機関も情報収集に努めるという双方向のコミュニケーションが信頼関係を構築するうえでは欠かせません。

支店長への接待攻勢に効果はあるのか

また、決算の時期以外では、審査を通過して融資が決まったタイミングもふさわしいのではないかと思われます。さらに、融資を受けて導入した設備が稼働し始めた時期や新規事業に着手した時期など、何らかの節目のタイミングで面談を求めるのもよいでしょう。当然、支店長が交代する時期も挨拶のチャンスです。

実際、私も2つの支店で支店長を経験しましたが、新たに赴任すると、地元の経営者の方々がたくさん訪ねてきてくださいました。もちろん、私のほうからも有力な取引先や関係先を訪ねて挨拶に回りましたが、そうした時期には支店長に対する関心の高さを感じたものです。新たに赴任してきた支店長の人柄や性格を見定めようというのか、なかには好奇心を隠そうともせず、さまざまな質問を投げかける方もいました。それだけ支店長の影響力が大きいということなのでしょう。

一方、ノーアポイントの表敬訪問はあまりおすすめできません。お客様との面談だけでなく、支店長は各種の行事や会議への出席を求められることも多いため、予定以外の来客には、よい印象を感じません。おこがましいようですが身一つで対応できることに限界があるのです。したがって、とりたてて用件のない訪問は歓迎されない傾向があると認識しておいたほうがよさそうです。できれば2週間から1か月間程度の時間的な余裕をもったうえで、必ず用件を伝えて事前にアポイントを入れておくとよいでしょう。

なお、なかには支店長との個人的な友好関係を求める方もいるようです。もちろん、親しくなるに越したことはないのかもしれませんが、そのために酒席を設けたり、ゴルフに誘ったりする必要はありません。

前述したように、融資の審査に際して、支店長が何らかの手心を加えるようなことは不可能です。また、どれほど親しくなっても、３年も経てば支店長は転出してしまいます。したがって、取引先からのそうした心遣いには感謝しつつも、内心、おもてなしに応えるわけにはいかないことを心苦しく感じる支店長もいるほどです。

たとえ個人的な距離を縮めようとする気持ちは感じられなくても、誠実に対応している様子さえ伝われば十分です。結局のところ、年中行事のように毎年、欠かさず淡々と決算を報告してくれる経営者については信頼が厚いです。

交渉のポイント❷　複数の役職者との面識を得る

第１章で紹介したように、金融機関では融資の審査にあたって、支店長をはじめとする複数の役職者がかかわります。支店長が決裁する案件の場合、具体的にいえば副支店長と融資課長です。できれば支店長だけでなく、副支店長や融資課長とも面識を得ておいたほうがよいでしょう。ただし、近年は副がつく役職が減り、融資課長の上は支店長というケースも増えているようです。

担当者が決められているにもかかわらず、その上司にまで面識を得る必要があるのかと思われるかもしれませんが、金融機関ではおおよそ3年程度で異動が行われるため、複数の役職者の面識を得ておくのが得策です。とくに事業性を評価する融資を活用したいのであれば、審査にかかわる役職者も経営者の人柄や事業観などの情報を求めているものです。副支店長や融資課長との面識も得ておけば、何かと心強いはずです。

どのようなタイミングで面談を求めるかは、基本的に支店長の場合と変わりませんが、たとえば担当者が交代した時期をとらえて「上司にあたる方にも挨拶しておきたい」と依頼すれば、面談の機会を設定してくれるでしょう。

また、とくに融資課長に関しては、原則として、その支店におけるすべての融資にかかわることから、たいていは経営者との面談を前向きにとらえているものです。経営者と一度でも顔を合わせていれば、審査の際の判断材料になるからです。

実際、担当者との面談の際に融資課長が同席するケースは少なくありません。私が融資課長を務めていたころも、むしろ積極的に経営者の方々とお会いするように心がけていました。したがって、担当者を通じてストレートに面談を依頼しても、奇異に映るような心配はありません。

ちなみに、ふだんはオフィスで決算書と格闘している融資課長が担当者に同行してきた場合、自社をアピールする機会となります。

たとえば、経営者から同席を求めたわけではないにもかかわらず、融資課長が担当者との面談に同席したり、担当者に同行して工場見学に出向いてきたりするケースは、融資課長が融資を前向きに検討している証です。書面以外についてその会社に対する関心の高さを示しているからです。

また、融資を実行すべきであるとする判断の理由を補強したり、その判断が妥当であることを自身の目で確認するため、その手がかりとなる材料を求めていることも少なくありません。もし、その時点で融資先としてふさわしくないと感じていたら、経営者との面談や工場見学の必要性は感じないでしょう。

もっとも、稟議書の信憑性（しんぴょうせい）に疑問を感じたり、担当者があまり頼りにならないと感じた場合に融資課長がみずから視察に出向くことは考えられます。その場合も、経営者としては淡々と自社の状況や抱えている課題を説明することが大事です。

融資課長との面談の席では、試算表などの資料をもとに、主として事業の見込みを報告するとよいでしょう。そうして事業の進捗や見通しを共有することによって、金融機関としてもその後の支援体制を検討しやすくなります。支店長の場合と同様、融資課長に対しても四半期や半期など、区切りを迎える時期に定期的な報告を慣例としておくと、いっそう信頼関係が深まるに違いありません。

交渉のポイント❸　複数の金融機関と取引を行う

これも交渉に臨む前から整えておくべきことですが、経営者保証の解除を希望する場合は、とりわけ複数の金融機関との取引を行っておいたほうがよいでしょう。

かつては、創業時に世話になったからと、古くから付き合いのある金融機関とだけ取引を続ける義理堅い経営者をよく見かけたものです。もちろん、それで支障がなければよいのですが、昨今はできるだけ複数の金融機関と付き合っておいたほうが、何かと安心といえるのではないでしょうか。中小企業の資金調達をめぐる環境が変わりつつあるなかで、融資に関する判断基準にも各金融機関の特徴があらわれ始めているからです。つまり、ある金融機関では審査基準に達していないと判断されても、別の金融機関では基準をクリアしているようなケースがあり得るからです。

したがって、担保保証なしで事業性を評価する融資を希望している場合には、とくに複数の金融機関との取引が効果的といえます。ひとつでもその実績をつくることができれば、ほかの金融機関でも認められやすくなるからです。審査の基準に差が生じ始めているとはいえ、依然として保守的な風土は健在で、金融業界にはいまでも横並び意識が根強く残っています。

ちなみに、複数の金融機関との取引を行うことでメインバンクの心証を悪くするのではないかと心配している方もいますが、あまり気にする必要はないでしょう。

たしかに、単独の取引を続けてくれる融資先は、金融機関にとって貴重な顧客ではあります。しかし、金融のプロフェッショナルとして、会社の成長にともなって資金需要が拡大することを当然と受け止める冷静な視点ももちあわせています。取引先がほかの金融機関との取引を始めるということは、その会社の成長を意味することでもあるというのが、金融機関の受け止め方と考えてよいでしょう。長い間、その会社を支援してきたという自負があるのなら、むしろ金融機関にとっては歓迎すべき傾向といえるのです。まるで裏切り行為でもしているかのような負い目を感じる必要は、いっさいありません。

基本的には、自社の売上規模や事業内容を考慮して金融機関を選ぶことになります。中小企業の場合は、メインバンクと準メインバンク、そして実質的にはお付き合いだけの金融機関という3つの金融機関との取引が適切ではないでしょうか。タイプの異なる金融機関を選ぶのがセオリーで、そのうちのひとつは必ず公的金融機関を加えておくと安心でしょう。

また、一般的にメガバンクは地方銀行や信用金庫に比べて担当エリアが広いため、中小企業にとっては必ずしもふさわしい取引相手とはいえません。やはり地域に密着した金融機関のほうが相談しやすいでしょう。海外を含めて、国内でも地域を超えて複数の事業所を展開している会社や、売上が10億円を超える事業規模の会社の場合は、メガバンクとの取引が活かされやすいでしょう。

地元の経営者や個人事業主の方々に評判を尋ねれば、金融機関の特徴や社風など、参考になる情報を提供してくれるはずです。そうした声も考慮しながら、タイプの異なる金融機関をうまく組み合わせてください。

2 交渉を有利に進めるために必要なこと

交渉のポイント④　キーパーソンを的確に見極める

実際の交渉に臨む際には、金融機関のキーパーソンが誰なのかを正しく見極めておく必要があります。どのような役職者が審査にかかわるのかについては、第1章で紹介したとおりです。

通常の融資であれば、キーパーソンは融資課長と考えてよいでしょう。最終的な決裁者は支店長であっても、日々、多忙な支店長が融資案件を一つひとつ精査するわけにはいきません。審査に際して、支店長はその支店におけるすべての融資を扱う融資課長の判断を信頼しており、融資課長の判断を支店長が覆すことはよほどの場合です。したがって、審査の判断に最も大きな影響力をもつのは融資課長と考えてよいでしょう。

ただし、経営者保証の解除に関しては、おそらく支店長が判断の鍵を握っているケースが多いと考えられます。通常の融資に比べて、より大局的で、将来性を見通した総合的な判断が求められるからです。

とくに融資先の事業性を的確に評価するためには、財務的な側面だけではなく、それぞれの業界が抱える個別の事情やビジネスモデルの成長性、経営者の力量、さらには経済環境などを勘案しなければならないため、支店長の見解や経験が生きてくるのです。

なお、過去に取引がない金融機関に新規融資を申し込む場合は、初対面の場から経営者の人柄が見定められていると考えておいたほうがよいでしょう。当たり障りのない雑談を通して、経営者の考え方や他人との接し方などが観察されています。

そして、ベテランの融資担当者であれば、営業利益や借入金のバランスから融資のおよその可能性を導き出すことができます。したがって、その場に経営者の方が決算書を持参していた場合、それを受け取った融資担当者の態度を見れば、その金融機関から融資を得られる可能性がどの程度あるのかを察することができます。もし、決算書をざっと眺めた融資担当者が融資のニーズについて聞き始めたら、第一関門は通過したと考えてよいでしょう。しかし、融資に関する話題よりも、雑談中心であれば、前向きに融資をしたいという状況ではないと判断してもよいのではないでしょうか。

もちろん、実際にはそうしたケースばかりではありませんが、経験豊富な融資担当者であれば、初見でも融資判断としての決算書のポイントを的確につかむことができることは、覚えておいてよいと思います。

交渉のポイント❺　審査に通りやすい時期を選ぶ

一般的に、金融機関が決算を迎える時期には融資の件数を増やす傾向があるため、ほかの時期に比べて審査の間口が広がる可能性があるとされています。上期を終える9月と翌年3月に向けて「融資増強期間」を設定している場合には、通常よりも幅広く融資案件に対応することがあります。とはいっても、コロナ融資のように要件が合えばできるかぎり取り上げるというスタンスではなく、迅速に前倒しに対応するというイメージでいいと思います。

経営者保証の解除について、その直接的な影響は小さいかもしれませんが、事業性評価融資の間口も広がるのであれば、経営者保証の解除を後押しする要因になる可能性がありもちろん、それは間口がやや広がるというだけで、必要とされる要件と大きく乖離している会社が通過できるほど、際限なく広がるわけではありません。あくまで優先的に取り組むべきは、通常の審査をクリアするための要件の整備ですが、金融機関にそうした傾向が見られることは知っておいてもよいでしょう。

交渉のポイント❻　漸進的にしか進まないと覚悟する

ガイドラインや改革プログラム以降、政府をはじめ、金融業界や経営者団体が揃って経営者保証に依存しない融資を積極的に広めようとしているのは、すでに紹介してきたとおりです。

ただし、そうした社会的な潮流が従来の融資慣行を一気に押し流してくれるわけではありません。金融機関との交渉に臨めば、すぐにも経営者保証が解除されるかのように期待している方も少なくないようですが、おそらくそうしたケースはまだ少数派でしょう。一つひとつ要件をクリアしながら、漸進的に解除へ向けて進んでいくケースが大半ではないかと思われます。したがって、金融機関との交渉において大切な要素は「ねばり強さ」といえます。

経営者保証を解除するかどうかという重要な判断を迫られる金融機関は、その保守性を遺憾なく発揮して、一歩ずつ足もとを確認しながら目標地点に向けて動き出します。そして、ゴールに至る道筋に課題が見つかれば、融資先に対して課題をクリアするように求め、それが解決したことを見届けたうえで、次の段階に進むのです。つまり、金融機関から提示される〝宿題〟を一つひとつ解決しながら、最終的には経営者保証の解除をめざすことになるわけです。

一足飛びに事態が進展するようなことは、ほぼあり得ないと考えておいたほうがよいでしょう。金融機関との交渉に焦りは禁物です。

交渉のポイント❼　判断の理由を詳細に確認する

経営者保証の解除を求める経営者に対して、解除が不可能であると判断する金融機関もあるでしょう。そうした場合、必ず判断の理由を確認してください。なぜ解除することができないのか、解除するためにはどういう要件をクリアしなければならないのか、といった詳細な理由の説明を求めるのです。

理由が明確に示されれば、課題と指摘された点の改善に取り組むことができます。そして、そうしたやりとりを繰り返して一つひとつ課題を克服すれば、やがて経営者保証の解除が実現します。

じつは、昨今の金融機関には、経営者の方々に対して、経営者保証に関する判断の理由を説明することが求められています。とりわけ改革プログラムでは、金融機関が経営者保証を求める際の手続きに対する監督の強化を重要な施策に挙げており、具体的に次の２つを示して「個別具体的」に説明することを求めているのです。

- どの部分が十分ではないために保証契約が必要になるのか
- どのような改善を図れば保証契約の変更・解除の可能性が高まるか

そして、そうした説明が行われたことを記録して、金融庁に報告することも指導されています。

さらに、金融庁には専用の相談窓口が設置され、経営者保証に関する経営者からの相談を受け付けることになっています。場合によっては、金融庁が金融機関に対して事情をヒアリングする可能性もあるとのことですから、経営者の方々から判断の理由を尋ねられれば、金融機関としては答えざるを得ないのです。

改革プログラムがこうした施策を打ち出したのは、かつての融資慣行ではそうした説明が重視されなかったからです。契約の際、担当者から事前に説明されることもなく、ただ「経営者保証が必要です」とうながされて、やむなく経営者保証に同意した、といったケースも少なくありませんでした。経営者の方々の間で、まるで経営者保証が融資の前提条件であるかのような思い込みが依然として残っているのも、そうした悪弊と無関係ではないでしょう。

そういった金融機関の一方的な説明不足が、結果として、経営者の方々の返済能力を超える融資を可能にしてきたという事情をふまえて、改革プログラムでは「利用者保護」の方針が打ち出されたわけです。交渉の席では、金融機関から示される判断について、必ず詳細な説明を求めましょう。

交渉のポイント❽　３Ｗ２Ｈを整理しておく

事業性評価融資の審査にあたっては、交渉や面談の席でビジネスの詳細に関する説明が求められます。そうしたとき3Ｗ２Ｈを意識して説明することができれば、相手にも理解されやすいでしょう。また、金融機関にとっても３Ｗ２Ｈは最も関心の高い要素でもあります。３Ｗ２Ｈとは、次のような意味です。

- What（どのような製品・サービスを提供するのか）
- Whom（ターゲットはどういう層か）
- When（どのようなスケジュールで展開するのか）
- How much（どの程度の価格に設定するのか）
- How（どのように具体化するのか）

3W2Hを意識しながら事前に情報を整理しておくと、交渉や面談の席でも落ち着いて対応することができるでしょう。

ちなみに、新規融資の申請に際して金融機関から説明を求められるのは、おおよそ次のような内容です。

- 何に使いますか（使途）
- いくら必要ですか（必要額）
- その内訳は何ですか
- 自己資金はいくらありますか
- いつまでに必要ですか（時期）
- どのようにして返済しますか（返済方法と借入期間）
- 借入れによりどういった効果が生じますか

いずれも基本的な項目ばかりですが、あらかじめ質問を想定しておくと、交渉や面談の席であわてずに済みます。

交渉のポイント❾　相手の態度が硬化することも想定しておく

融資にかかわる交渉の多くは長期戦です。したがって、しばらくやりとりを重ねるなかでは、突然、金融機関が態度を硬化させてしまうケースもあります。担当者は楽観的な見通しを示していたにもかかわらず、どういうわけか、一転して「今期の業績では、融資に応じるのは難しいようです」と、当初の見通しとは異なる厳しい対応に変わることがあるのです。金融機関のなかで何が起こっているのかがわからないだけに、経営者の方々にとっては不安な変化でしょう。

ただし、こうした対応の変化は比較的、めずらしいケースではありません。なぜなら、金融機関の内部でプレーヤーが交代しているからです。

すでに紹介したように、金融機関では支店長をはじめとする複数の役職者がラインを形成して融資を審査します。したがって、稟議書が段階を経て、複数の役職者のもとを移動する過程では、それぞれに姿勢が異なるため、態度が変わったように感じられることがあるわけです。稟議書を最も厳しい目で検討しているのは、多くの場合、守りの要である融資課長です。

金融機関を外から眺めていると気づきにくいかもしれませんが、一般的には融資に関して積極的な渉外部門と慎重な姿勢の融資部門という図式が成り立ちます。立場によって案件に対する見解も異なるため、たとえば渉外部門に属する担当者が楽観的な見通しを示しても、稟議書が融資課長のもとで検討され始めると、細かい数字に関してもチェックが入って、一転して厳しい態度に変わるというケースが考え得るわけです。

もし、金融機関との交渉の過程でこうした変化が生じたら、

「なぜ、下期の売上が上期より減ったのか」

「来期の見通しを裏づける根拠がほしい」

といった厳しい指摘が寄せられ、数字の確認や詳細な説明、資料の再提出などが求められるはずです。そうした指摘がたび重なると、その手間と精神的な負担から、対応に疲弊してしまうのも無理はありません。

しかし、そこであきらめる必要はありません。むしろ、経営者の方々にとっては勝負どころに差しかかったととらえるべきでしょう。その関門さえ乗り越えることができれば、審査を通過する可能性が高まります。厳しい指摘が続くということは、それさえクリアすれば審査を通過する見込みがあるという意味でもあるからです。

交渉や面談に臨む際には、あらかじめそうした変化が起こり得ることを想定しておくとよいでしょう。

交渉のポイント⑩　時間的な余裕をもって臨む

事業性評価融資にかぎりませんが、前述したように、金融機関との交渉には時間がかかります。新規融資の場合、長ければ３か月以上も審査に時間を要するケースもあるため、時間に余裕がなければ交渉どころではなくなってしまいます。なるべく時間に余裕をもって臨むことが、交渉を有利に進めるための前提条件といってもよいでしょう。

あらためて整理しておくと、融資の審査に時間がかかる主な理由は、次の４点です。

・申請書にかかわる関係機関が多い

プロパー融資のように金融機関の内部で完結する場合もありますが、信用保証協会や行政機関など、ほかの機関の審査や承認を必要とするケースも多いため、どうしても時間がかかってしまいます。

・金融機関内の審査のプロセスが多い

融資額が支店決裁の範囲を超える場合など、本部決裁が必要なケースでは時間がかかります。また、提出書類（とくに決算書）の精査や業界の動向などに関する調査が必要になる場合も考えられます。

・融資案件会議での検討が必要になる

場合によっては、営業部門の責任者など、通常の審査にかかわる役職者以外の関係者も参加する会議での検討が必要なケースもあります。

・貸し出し条件の交渉が必要になる

返済開始までの期間や金利、担保、保証の有無など、融資にまつわる交渉に時間が必要なケースもあります。

一般的にもいわれるように、経営判断が遅れることで時間の余裕を失ってしまい、結果として進退が窮まってしまうケースが少なくありません。私が銀行員時代に融資担当として接していた会社のなかにも「せめて半年早く相談してくれていたら……」と、後手に回った対応が悔やまれるケースが散見されました。時間的な余裕が残されていない場合、金融機関としても支援できることがかぎられてくるからです。

そうした意味でも、複数の金融機関に相談できるようにしておいたほうがよいです。同時並行で２つ、３つの金融機関に相談していても不自然ではありません。いわゆる相見積りの気持ちで臨むことがリスク分散につながるのです。そして、金融機関とは気軽に相談できるような関係を築いておきたいところです。できれば、何か困ったことがあればすぐに支店を訪ねて相談できるくらいの関係性が望ましいと思います。

交渉のポイント⓫　専門家のアドバイスをあおぐ

本書でも紹介したように、金融機関には独特の慣行やしくみがあります。融資のしくみをはじめとして、その内部でどのようなことが行われているのか、外側からはなかなかうかがい知ることができません。また、金融機関との交渉には時間と手間もかかります。どのように対処すればよいのか自信がもてない、という方も少なくありません。

そうした場合には、金融機関との交渉に詳しい専門家に相談してみるのも一案です。とりわけ、過去に金融機関との接点がほとんどなかった方が事業性評価融資を希望する場合などは、資料の作成だけでもひと苦労ではないでしょうか。金融機関との対応が大きな負担となって本業に支障が生じるくらいなら、外部の専門家を活用するべきです。

たとえば、私の場合はかつてメガバンクで支店長や融資課長を務めていた経験をもつため、そうしたバックグラウンドをもたない方に比べれば、メガバンクとのやりとりには詳しいはずです。ただし、同じ金融業界でも、信用金庫とのやりとりについては信用金庫出身の専門家のほうが詳しいに違いありません。専門家にもそれぞれに得意な領域があるため、個別の事情に応じて、ふさわしい専門家を活用すれば、交渉がスムーズに運ぶ可能性も高まります。

また、経営者保証に関しては各地の中小企業活性化協議会やよろず支援拠点が相談を受け付けており、事業計画書の作成や金融機関との交渉など、実務的な面での支援体制も整っています。そうした窓口を通じて専門家のアドバイスを受けるのも効果的でしょう。

交渉のポイント⓬　断られてもあきらめない

交渉ごとでは、どんなに力を尽くしても、つねに望みどおりの成果が得られるとはかぎりません。金融機関から融資を断られるケースもあるはずです。

経営コンサルタントとして、私はこれまで数百社からの相談に応じてきましたが、なかには、過去に一度でも融資を断られてしまうと自社の事業が否定されて再び金融機関から融資を受ける可能性はない、と思い込んでいる方もいます。

しかし、いうまでもなく、そのようなことはありません。融資に関する判断は、あくまでその金融機関が設定した基準にもとづいて行われた個別の判断です。ほかの金融機関が同じ基準をもっているわけではないのです。

また、融資に関する判断は支店長の運営方針や融資課長の判断にも影響されます。多くの場合、担当者の力量も無関係ではありません。それらが複合的に影響して判断が下されるため、極言すれば、支店長が交代して支店の運営方針が変われば、定性評価が変わり融資が受けられるようになる可能性もあるのです。

経営者にとって、融資を断られるのはたいへんなショックでしょう。まるで経営の素質がないと宣告されたように感じると吐露する方もいらっしゃいました。しかし、単に必要な要件を満たしていなかっただけで、経営者としての力量やひとりの人格が否定されたわけではありません。精神的なダメージは小さくないと思いますが、気分を切り替えて、別の金融機関に再チャレンジしてください。

以上、紹介してきたポイントなどをふまえながら、ねばり強い姿勢で金融機関との交渉に臨んで、経営者保証に依存しない融資を獲得していただきたいと思います。

column

銀行員はココを見ている！⑤

常識的な納税意識があるのか

なるべく税金を払いたくないと考える人は少なくないと思いますが、節税意識が過剰に感じられる場合、その経営者を好意的に評価する銀行は少ないのではないでしょうか。もちろん、節税に努めること自体に問題意識をもつわけではありません。節税したいという経営者に対して、銀行は一定の理解を示します。

しかし、過度の節税のテクニックを求めていると感じられる経営者が好感される可能性は低いと考えておいたほうがよいでしょう。度を超した過剰な節税意識には、コンプライアンスの面で、一種の危うさも感じられるからです。

あくまで個人的な印象でしかありませんが、企業を拡大させている経営者の方々と接していると、むしろ納税意識が高い方のほうが多いように感じます。会社や自分自身を社会的な存在としてとらえている方が少なくないようで、雇用を通じて従業員の生活を守り、納税を通じて社会に貢献することに使命感を抱いている方はめずらしくありません。会社の成長にともなって納税額が増えることに喜びを感じると話す経営者もいました。「払うものはきちんと払って会社を大きくしていきたい」といった声です。そして、そうした納税意識をもつ経営者を積極的に支援したいと考える銀行員は少なくないでしょう。

たとえば、役員報酬を調整することで法人税を抑えようとしている決算書を見ることがあります。利益を圧縮しすぎてしまうと、自己資本比率が上がらず財務基盤の強化につながりません。そうした意味でも、過剰な税金対策は控えたほうがよいのかもしれません。何ごとも、適度なバランスが大切です。

おわりに

意外に思われる方もいるかもしれませんが、じつはメガバンクで支店長を務めた経験をもつ経営コンサルタントは希少種に属するようです。

銀行出身のコンサルタントはいらっしゃいますが、たしかに、私もメガバンク支店長の経験者にはほとんどお目にかかったことがありません。そもそも人数がかぎられていることもあるのでしょうが、現役時代には多忙な日常を過ごしてきただけに、退職後はゆっくりとセカンドライフを楽しみたいと考える方が多いのかもしれません。

私も55歳で役職定年を迎えたとき、そう思わないではなかったのですが、やはり年来の抱負としてきたことにチャレンジしてみようと思い直し、退職後は経営コンサルタントとして独立して中小企業のお手伝いをすることにしました。私が長年、そうした希望を抱き続けてきたのは、阪神・淡路大震災後に融資担当として神戸に赴任したときの経験が印象深かったからです。

震災の翌年から5年間にわたって、私は神戸と大阪の審査部に勤務していました。ご存じのように、神戸を中心として阪神間が広範囲にわたり被災したため、当時はまだ復興の真っ最中でした。中小企業や小さな町工場の多い地域も大きな被害を受けたことから、私は融資担当としてたくさんの経営者とお会いし、中小企業ならではの切実な相談を聞きました。製品在庫や生産設備の大半を失ったという経営者も少なくはなく、生き延びることができただけでも幸運だったと前年の出来事を振り返る声を直接、耳にすると、経営者の方々が味わってきた苦労が察せられました。

そうして日々、復興に力を尽くす経営者の方々とお会いするなかで、私は中小企業が日本の国民経済を支えてきたことを実感しました。もちろん、知識としては知っていたつもりですが、実際に中小企業が大きなダメージを受けた現場に赴任して、それまでその地域で中小企業が担ってきた役割の大きさを目の当たりにすると、リアルな肌感覚として存在の大きさを感じたのです。同時に、中小企業の経営をさまざまな面から支援する銀行員という職業に誇りを感じました。

私が、中小企業の経営や事業承継問題、地域経済の活性化、被災地の支援といったテーマに関心をもつようになったのは、このころの経験が原点になっています。やがて、30年以上にわたる銀行員としての日常の先にゴールが意識され始めたとき、長い間、融資に携わった経験や支店長として得た知見を社会に還元するのが私の役割ではないかと考えるようになったのです。私のセカンドライフは、そうして決まりました。

メガバンクの支店長がどのような役割を果たし、日々どのような仕事をしているのかは、本書で述べたとおりです。池井戸潤氏の小説やドラマで描かれているように、その影響力は決して小さくはありません。だからこそ、先輩たちはよく「支店長が一番、汗をかかなければならない」と話していたのかと、私は自分自身が支店長を務めるようになって納得しました。支店長には自席でのんびりしている時間はなく、支店の誰よりも仕事に力を尽くして、周囲に範を示すべきだと先輩たちは話していました。まさにその通りだと感じます。

実際、支店のスタッフたちは支店長の言動をよく見ています。支店長の意識が本部や役員のほうにばかり向けられていると感じたら、スタッフたちは活力を失いますが、その姿から支店の仲間とともに地域のために尽くそうという意欲が感じ取れれば、スタッフたちも奮起して、支店長のためにもがんばろうという雰囲気に変わっていくのです。

支店長が交代すると、業績はもちろん、支店の雰囲気やスタッフたちの顔つきまで変わります。支店の運営は、支店長しだいで決まるものなのです。すべてのスタッフにやりがいを感じながら働いてもらうには、誰よりも自分自身がやりがいを感じていなければならないと痛感する日々でした。

おそらく、多くの支店長にとって、やりがいとは地域経済への貢献を実感することに尽きると思います。融資先の業容が拡大して従業員が増える様子を目にしたり、新しいビジネスに挑戦する経営者への支援が実現したりすると、支店長も大きな充実感を味わうことができます。他人の喜びを自分の喜びに変えることができるのは、支店長というポジションに与えられたすばらしい機能ではないでしょうか。

経営者の方々には、支店長をはじめとする地域の金融機関のスタッフたちと望ましい信頼関係を築いて、事業を発展させていただきたいと願っています。そして、本書がその実現に少しでも貢献できるのなら、それは私にとっても大きな喜びです。

〈著者略歴〉

川居宗則（かわい　むねのり）

中小企業診断士（経済産業大臣登録）、１級ファイナンシャル・プランニング技能士（厚生労働大臣登録）、1級販売士（日本商工会議所）、CTP認定事業再生士。

1987年に慶應義塾大学経済学部を卒業後、三井銀行（現・三井住友銀行）に入行し32年勤務。主に融資業務に携わり、審査部において事業再生業務にも従事した。独立後は融資・補助金に強い専門家として資金調達支援を実施。ライフワークとして東日本大震災後の宮城県の気仙沼市商店街を継続支援している。主な著書として『元メガバンク支店長だから知っている 銀行融資の引き出し方』（幻冬舎）がある。

元メガバンク支店長が教える
事業承継と経営者保証の解除

2024年6月10日　第1版第1刷発行

著　者　川居宗則

発　行　株式会社ＰＨＰエディターズ・グループ
〒135-0061　東京都江東区豊洲5-6-52
☎03-6204-2931
https://www.peg.co.jp/

印　刷
製　本　シナノ印刷株式会社

© Munenori Kawai 2024 Printed in Japan　ISBN978-4-910739-55-7
※本書の無断複製（コピー・スキャン・デジタル化等）は著作権法で認められた場合を除き、禁じられています。また、本書を代行業者等に依頼してスキャンやデジタル化することは、いかなる場合でも認められておりません。
※落丁・乱丁本の場合は、お取り替えいたします。